AF210890

» Und er lehrte sie in Gleichnissen «

Julius Alexander Detrich
» Und er lehrte sie in Gleichnissen «
Gleichnisse Jesu neu entdeckt - ein Predigtband

Herausgegeben von Gudrun Detrich
und Ferdinand Hahn

Claudius Verlag 1987
Gudrun Detrich 2001

Die Deutsche Bibliothek - CIP Einheitsaufnahme
Detrich, Julius Alexander :
Und er lehrte sie in Gleichnissen :
Gleichnisse Jesu neu entdeckt - ein Predigtband /
Julius Alexander Detrich.
Hrsg. von Gudrun Detrich und Ferdinand Hahn. -
[Olching] : G. Detrich;
[Norderstedt] : Books on Demand GmbH, 2001
ISBN 3-8311-2311-X

2. Auflage 2001
Umschlaggestaltung: Manfred Hilbert
Foto: Gudrun Detrich
Heiligkreuzkirche (Insel Achtamar im Van-See)
Herstellung: Books on Demand GmbH
Printed in Germany 2001
ISBN 3-8311-2311-X

Inhalt

Vorwort

„Und er lehrte sie vieles in Gleichnissen" heißt es von Jesus in Mk 4,2. Auch jeder Prediger wird immer wieder die Gleichnisse heranziehen und anhand dieser anschaulichen Texte die Botschaft Jesu verkündigen.

Julius Alexander Detrich war Pfarrer an der Erlöserkirche in München-Schwabing und hat intensive theologische, vor allem exegetische Arbeit mit seinem Predigtdienst verbunden. Für ihn war Predigt Verkündigung und Lehre zugleich, ebenso Hilfe zum Glauben als auch Hilfe zum Verstehen. Daß Glauben und Verstehen sich nicht gegenseitig ausschließen, sondern zusammengehören, daß Glauben und Verstehen sich gerade auch bei der Deutung biblischer Texte gegenseitig bedingen, war für ihn ein wesentlicher Sachverhalt, den er seinen Hörern weitervermitteln wollte. Besonders die Gleichnisse Jesu lassen dies erkennen, weswegen er auch häufig über Gleichnisse gepredigt hat. Seine Predigten weisen über den unmittelbaren Anlaß hinaus und verdienen, in Auswahl gedruckt zu werden. Höchstwahrscheinlich erschließt sich beim Lesen manches noch einmal von einer ganz anderen Seite als beim Hören einer solchen Predigt. Es sind Auslegungen, über die gründlich nachgedacht sein will.

In einer Zeit, in der aktuelle Probleme der Christenheit im Vordergrund stehen und die Beschäftigung mit der Bibel vielfach zurücktritt, kann eine Predigtsammlung wie die vorliegende eine Ermutigung sein, sich mit biblischen Texten intensiv zu befassen. Hier wird nicht nur gezeigt, daß Texte aus dem Neuen Testament höchst aktuell sind, denn vordergründige Anstöße oder Schwierigkeiten des Zugangs werden rasch beseitigt, sondern es wird auch deutlich, wie fruchtbar wissenschaftliche Erkenntnisse für die Schriftauslegung sind. Oft wird den Predigern vorgeworfen, daß sie Ergebnisse der modernen Exegese der Gemeinde vorenthalten würden. Sicher braucht nicht jede Diskussion unter Fachleuten gleich in die Predigt übernommen zu werden. Es gibt aber einen wissenschaftlichen Ertrag, auf den der Prediger nicht verzichten sollte. Ein Beispiel, wie man das mit Bedacht, aber zugleich eindeutig tun kann, bieten die vorliegenden Predigten. Der Verfasser zögert nicht, zwischen der ursprünglichen Predigt Jesu, der nachösterlichen Verkündigung der Gemeinde und der das Überlieferungsgut zusammenfassenden und vereinheitlichenden Intention der Evangelisten zu unterscheiden. Dabei zeigt sich, wie ergiebig solche Beobachtungen auch für die Predigt sind. Es kommt zu einem überraschenden, ja vielfach befreienden Umgang mit Texten, die unzugänglich erscheinen oder durch eine bestimmte traditionelle Auslegung so verstellt sind, daß sie gar nicht mehr richtig gehört werden. Hier wird gezeigt, wieviel neue Aspekte einem biblischen Text abgewonnen werden können, wenn man sich eingehend damit beschäftigt.

Die Predigten sind, von geringfügigen Kürzungen abgesehen, in der Fassung wiedergegeben, die der Autor sorgfältig vorbereitet und ausgearbeitet hat. Häufig hat er seinen Manuskripten ausführliche Anmerkungen beigefügt, die in Auswahl in einen Anhang zu dieser Predigtsammlung aufgenommen worden sind. Dort ist auch vermerkt, wann die einzelnen Predigten entstanden und gehalten worden sind.

Ferdinand Hahn

(Professor für Neues Testament
an der Evang.-Theol. Fakultät
der Universität München)

1

Gleichnis vom Sämann
Markus 4,3–9

„Warum sollte ich zum Gottesdienst gehen? Es gibt mir nichts." Eine von vielen auf Tonband festgehaltenen Antworten in der Leopoldstraße auf die Frage: „Gehen Sie öfter zum Gottesdienst?" Weitere Antworten: „Das, was da so gepredigt wird, kann man doch mit dem heutigen Stand der Wissenschaft nicht mehr in Einklang bringen." – „Gottesdienst? Interessiert mich nicht, ist doch vollkommen veraltet." – „Für mich ist das langweilig und uninteressant." – „Vielleicht würde ich gehen, wenn man in der Kirche die Sprache von normalen Menschen reden würde."

Nicht besser ergeht es dem Religionsunterricht. Antwort eines Schülers: „Religionsunterricht? Fünfundvierzig Minuten Nabelschau. Ein verzweifelter Versuch, uns für Themen zu interessieren, die mit der Wirklichkeit nichts zu tun haben."

Der Bruch ist perfekt. Es fällt alles auseinander. Durch die Religion fühlt man sich aus dem Leben herausgerissen und in eine andere Welt versetzt. Das Religiöse erscheint als Gegensatz zur Wirklichkeit. Wir müssen zugeben, daß wir diese symptomatischen Antworten nicht global zurückweisen können. Sie stellen mehr oder weniger objektiv eine Gespaltenheit fest. Und es ist manches wahr daran. Wir versuchen nun, mit Hilfe eines Gleichnisses Jesu die grundsätzliche Frage, die uns durch das Verhältnis von Religion und Wirklichkeit gestellt wird, ins Auge zu fassen.

Wir alle kennen das Gleichnis vom Sämann. Wir kennen es leider zu gut und deshalb verstehen wir es nicht. Denn das Gleichnis will jeden einzelnen zum Nachdenken anregen – das ist das einzige, was es mit dem Rätsel gemeinsam hat –, und Frucht bringt es für mich nur, wenn ich seinen Sinn selber für mich durch eigene Anstrengung erschließe. Wenn ich in ihm meine eigene Wirklichkeit entdecke. Wenn ich mir überrascht sagen kann: Es geht um mich. Und wenn ich feststellen muß, daß meine Wirklichkeit hier ganz anders gesehen wird, als ich gewohnt und geneigt bin, sie zu sehen. Wenn ich aufgescheucht werde und ein bißchen fliegen muß, damit ich mein Nest nicht nur von innen betrachte, sondern von verschiedenen Seiten, und es in größerem Zusammenhang sehe. Also Wirklichkeit, meine Wirklichkeit, aber in einem neuen Licht.

Ich habe immer vermutet, daß das der Sinn der Gleichnisse ist, aber erfahren und erleben durfte ich es erst unlängst, als ich versuchte, das Gleichnis vom Sämann in einem kleinen Kreis von körperbehinderten jungen Menschen im Gespräch auszulegen. Ein achtzehnjähriger junger Mann im Rollstuhl legte mit höchster körperlicher Anstrengung seinen Finger auf Vers 8, wo es in der Lutherübersetzung heißt: „Und *etliches* fiel auf gutes Land." „Es ist falsch", sagte er. Und in diesem Moment merkte ich, daß er das Gleichnis verstand. Und in diesem Moment, erst in diesem Moment, verstand auch ich das Gleichnis besser. Er bezog es auf sich, und ich bezog es auf mich selbst. Er ging von seiner eigenen Wirklichkeit aus, von der er genau weiß, daß sie nicht die Regel ist. Er brauchte seinen Gedanken nicht auszuführen; wir alle verstanden ihn.

Das Gleichnis muß einen normalen Vorgang, etwas Wirkliches, ja Typisches schildern, sonst nützt es nichts: *Es ist falsch*. Und es ist kein normaler Vorgang, wenn es heißt: Etliches fiel an den Weg, etliches auf das Felsige, etliches unter die Dornen und etliches auf gutes Land. Das Normale ist doch, daß der Samen auf das gute Ackerland fällt und seine Bestimmung erreicht. Die drei anderen geschilderten Schicksale sind nur Ausnahmefälle. Wir haben also nicht vier zahlenmäßig gleiche Gruppen mit dem gleichen Aussagewert, sondern eine verschwindende Minderheit, der die überwiegende Mehrheit, also die Regel der Ausnahme, gegenübergestellt wird. Zum Glück konnte ich mich auf den griechischen Text berufen, wo die Subjekte wesentlich nuancenreicher sind, als es die monotone Lutherübersetzung ahnen läßt. Dort heißt es nicht: „etliches, etliches, etliches, etliches", sondern „das eine", „anderes", „anderes", und zum Schluß „andere". Das heißt: Bei der vierten Gruppe wechselt die Sprache von der Einzahl in die Mehrzahl, um die richtige Proportion und das Verhältnis von Regel und Ausnahme auch sprachlich anzudeuten. Man sollte also frei etwa so übersetzen: „einiges, einiges, einiges, *alles übrige*." Daß in diesem Punkt alle Übersetzungen, die ich einsehen konnte, unverzeihlich ungenau und oberflächlich sind, hängt mit dem verbreiteten falschen Verständnis des Gleichnisses zusammen.

Wir haben also in Wirklichkeit nicht eine vierteilige Schilderung vor uns, sondern eine zweiteilige. Dem Mißerfolg steht der Erfolg gegenüber, der Ausnahme die Regel. Zahl und Arten der Mißerfolge könnte man vermehren oder verringern, das Gleichnis bliebe das gleiche. Ja, man könnte die hier geschilderte Tätigkeit durch eine andere ersetzen und etwa von dem Töpfer reden, der seine wunderschönen Werke in den Ofen schiebt und nach dem Brennvorgang feststellen muß, daß einige zersprungen sind. Oder von der Hausfrau, die einige Plätzchen in einem mißlichen Zustand aus dem Backofen zieht. Oder von unseren Konfirmanden, die für die Aktion „Brot für die Welt" emaillieren und immer wieder ängstlich in den Ofen schauen, weil sie wissen, daß da manches danebengeht. Und sie emaillieren trotzdem. Und die Hausfrau weiß auch, daß manches bei ihrer Arbeit schiefgeht, und sie bäckt ihre Plätzchen trotzdem. Und der Töpfer weiß, daß er Abfall und Ausschußware hat, und verflucht seinen Beruf trotzdem nicht. Und der Bauer weiß, daß nicht jeder Samen Frucht trägt, und hängt seinen Beruf trotzdem nicht an den Nagel.

Seltsam, meint Jesus. Wir bewundern den Sämann nicht, weder seine Klugheit, noch seinen Optimismus, noch seine Geduld. Wir halten es für selbstverständlich, daß er den Verlust in Kauf nimmt und nicht auf den Mißerfolg, sondern auf den Erfolg schaut. Für uns ist es selbstverständlich, daß für ihn all das selbstverständlich ist. Aber warum sollte für uns dasselbe nicht bei jeder Tätigkeit, in jeder Situation, selbstverständlich sein? Warum sollte es für uns nicht selbstverständlich sein, daß wir die Wirklichkeit so nehmen, wie sie ist? Daß wir nicht auf einem hundertprozentigen Erfolg bestehen, anderenfalls die Flinte ins Korn werfen? Sollten wir die Verbindung von Verlust und Gewinn, Opfer und Glück, Mißerfolg und Erfolg nicht mit dem Realismus des Sämanns akzeptieren? Sollten wir nicht seinen wohlbegründeten Optimismus haben, daß er trotz aller Rückschläge genug ernten wird? Seine Hoffnung? Seine Grundhaltung, seine Weisheit, die darin besteht, daß er auf das Ganze schaut, dem Verlorenen nicht nachtrauert, den Mißerfolg kaum beachtet, sondern nur den Erfolg sieht, das Gewonnene erwägt und sich darüber freut? Wie die Frau, die die Schmerzen vergißt und ihr neugeborenes Baby glücklich anlächelt...

Die Aussage des Gleichnisses ist freilich nur eine einzige, aber sie paßt sich meiner Wirklichkeit an; deshalb kann, ja muß ich diese Aussage variieren oder so weit fassen, daß ich sie, von den verschiedensten Situationen ausgehend, der jeweiligen Wirklichkeit entsprechend konkretisieren kann. Vielleicht ist manchem von uns die ganz allgemeine grundsätzliche Aussage hilfreich: Ich soll darauf schauen, was ich habe, was ich bin, und nicht darauf, was ich nicht habe oder was ich nicht bin.

Wir müssen noch auf einen Einwand kurz eingehen. Man könnte meinen, die hier gebotene Auslegung sei ein säkularisiertes Verständnis des Gleichnisses, sie habe mit Religion, Evangelium, Gott und Gottes Reich nichts zu tun, sie setze einen profan denkenden Jesus voraus.

Nun: Wir wissen nicht so genau, wie Jesus dachte. Wir sollten nicht von vornherein annehmen, daß er nur ganz einseitig religiöse Gedanken wälzte. Es ist kaum denkbar, daß seine Lehren durch das Verständnis der Urgemeinde säkularisiert wurden, während das Gegenteil, daß sie nämlich religiös eingeengt wurden, sehr wahrscheinlich ist. Aber alles, was Jesus sagt, hat mit Religion und Evangelium zu tun, weil er unsere Wirklichkeit niemals als Schicksal betrachtet, sondern als etwas, was von dem kommt, den er seinen Vater nennt. Weil er immer bereit ist, anstatt von Erfolg von der Liebe und von den Gaben unseres Vaters zu reden. Weil er unseren Blick auf die Vögel und Lilien des Feldes lenkt und unsere Hoffnung auf Gott, der uns nicht im Stich läßt. Weil er unsere Leiden Kreuz nennt oder den Kelch, den wir mit ihm austrinken sollen. Weil er den Unterschied zwischen seinem Willen und dem Willen seines Vaters kennt und den Unterschied nicht leugnet, sondern überwindet. Weil er seines Vaters Willen erfüllt, sogar am Kreuz.

Alles, wovon Jesus redet, ist unsere Welt, unsere Wirklichkeit, und sein Vertrauen auf den Vater besteht nicht darin, daß er diese Wirklichkeit, die uns beschäftigt, mit der wir fertig werden müssen, verdrängt, leugnet oder verniedlicht, sondern darin, daß er uns lehrt, sie in größerem Zusammenhang, ja als etwas Ganzes zu sehen, das durch Glaube, Hoffnung und Liebe eine ungeahnte Ergänzung und Verlängerung erfährt. Sie ist dann nicht nur die Wirklichkeit, sondern sie wird die ganze Wirklichkeit; nicht nur unsere Wirklichkeit, sondern die Wirklichkeit Gottes.

2

Gleichnis vom geduldigen Landmann
Markus 4,26–29

Wir besitzen von Jesus nicht viel an zusammenhängenden Reden. Die Jesusworte, deren Zusammengehörigkeit durch den erzählerischen oder schildernden Inhalt garantiert ist, sind fast nur die Gleichnisse. Unter den Gleichnisreden Jesu gibt es nun ein kurzes, unscheinbares Gleichnis, das uns Markus überliefert hat, während es von seinen Nachfolgern, von Matthäus und Lukas, offenkundig verschmäht wurde. Das kurze Gleichnis bereitet den Auslegern viel Kopfzerbrechen, und man ist sich nicht einmal darüber einig, wie man es betiteln sollte. In der Lutherbibel lesen wir die Überschrift: „Die von selbst wachsende Saat". Offenbar wird hier als Wesentliches eben das empfunden, daß die Saat nicht durch menschliches Zutun, sondern von selbst gedeiht und keiner Pflege bedarf. Aber wie läßt sich dieser Aspekt auf das Gottesreich übertragen?

Die einleitenden Worte des Gleichnisses verlangen diese Übersetzung: „So ist das Reich Gottes, wie wenn..." Daher bezweifeln manche Ausleger, daß diese einleitenden Worte richtig überliefert sind. Unser Gleichnis könne nicht das Gottesreich betreffen. Worauf sich dann das Gleichnis bezieht, vermögen uns diese Ausleger aber nicht zu sagen.

Gegen diese Auffassung ist ein Dreifaches zu bedenken. Erstens: Das Thema einer großen Anzahl von Gleichnissen ist doch das Gottesreich, das ja den Mittelpunkt der Predigt Jesu bildet. Zweitens: Alle Gleichnisse, die vom Wachstum reden, gehören zweifellos zu der Gruppe der Gottesreichgleichnisse. So das Gleichnis vom Senfkorn, das Gleichnis vom Unkraut unter dem Weizen. Das spricht also dafür, daß auch das Gleichnis von der von selbst wachsenden Saat ein Gottesreichgleichnis ist. Drittens soll bedacht werden, daß die Ernte seit der alttestamentlichen Zeit ein Bild der Vollendung des

Gottesreiches ist. Unser Gleichnis endet mit dem Jubelruf: „Herbeigekommen ist die Zeit der Ernte". Eine Anspielung auf Joel 4,13, wo der Anbruch der Gottesherrschaft mit diesem Ruf angekündigt wird, ist also sehr wahrscheinlich.

Wir setzen folglich mit Recht voraus, daß unser Gleichnis richtig überliefert ist, die einleitenden Worte „So ist das Reich Gottes" stimmen, und das Gleichnis eine Frage beantworten will, welche das Gottesreich betrifft. Aber wie lautet diese Frage? Welche Seite der Gottesherrschaft soll hier beleuchtet werden? Wie in vielen anderen Fällen, so ist auch hier die Frage, die durch das Gleichnis beantwortet wird, nicht überliefert worden. Wir müssen also das Gleichnis von innen her auslegen, versuchen, seine Aussage abzugrenzen, und schließlich die dazugehörige Frage finden.

Eines soll für uns dabei im voraus feststehen: Die Frage kann nicht gelautet haben, ob der Mensch für das Gottesreich etwas tun kann oder soll. Denn stünde diese Frage hier zur Diskussion, so wäre die Antwort Jesu durch das Gleichnis ein eindeutiges Nein. Nein, ihr könnt für das Reich nichts tun. Wie der Landmann alles dem natürlichen Lauf der Dinge überläßt, sorglos schläft und „dem Müßiggang frönt", da ja die Natur ihre Arbeit ohne sein Zutun tut, so auch ihr: Ihr braucht für die Gottesherrschaft nichts zu tun, das Reich wird sich von selbst durchsetzen.

Aber das Bild vom Landmann, das Jesus hier schildert, wäre ein Zerrbild des Bauern, sollten wir es, wie angedeutet, verstehen. Denn gibt es wirklich einen Landmann, der zwischen Aussaat und Ernte die Hände in den Schoß legt und nichts tut? Die Untätigkeit des Bauern wird also kaum das sein, worin der Vergleich gipfeln soll. Vielleicht spricht das Gleichnis von dieser Untätigkeit überhaupt nicht!

Hören wir genau zu! „Ein Mensch hat Samen aufs Land geworfen. Dann schläft er und steht auf, Nacht und Tag, und der Samen geht auf und wächst, ohne daß er es *weiß*." Wo wird hier gesagt, daß der Bauer nichts tut? „Er schläft und steht auf Nacht und Tag." Das ist semitisch gedacht. Wir würden sagen: Es kommt die Nacht und wieder der Tag, und er geht schlafen und steht wieder auf. Kurz: Die Zeit vergeht.

Was der Bauer in dieser Zeit tut, sagt uns das Gleichnis nicht. Eines tut er nicht, kann er nicht tun: bewirken, daß der Samen aufgeht und wächst. Das geschieht ohne ihn, er kann nicht einmal *verstehen*, wie all das geschieht. Er hat den Samen ausgesät und nun hat er die Herrschaft über ihn völlig verloren. Der Samen lebt unabhängig von ihm, ein neues Leben ist entstanden, das nur den eigenen Gesetzen gehorcht. Das höchste dieser Gesetze ist, daß dieses Leben Zeit braucht, die der Bauer durch keine Sorge, durch keine Mühe und keine Ungeduld kürzer machen kann. Alles, was da geschieht, geht gleichsam automatisch vor sich, ein Prozeß mit fest bestimmten Stadien, der heute beschleunigt werden kann, zu Jesu Zeit aber nicht zu beeinflussen war. Zuerst erscheint der Halm, danach die Ähre, danach der Weizen in der Ähre. Der Bauer steht auf und geht abends wieder schlafen, er stellt das Wachstum fest, aber sein Zusehen kann das Wachstum nicht fördern. Er beseitigt die Hindernisse, wirft die Steine weg, verscheucht die Vögel, zupft das Unkraut hie und da heraus, und nach jeder Besichtigung blickt er zum Himmel und empfiehlt seine Saat dem, von dem alles Wachstum kommt. Und vor allem ist er *nicht ungeduldig*, der Bauer. Nicht er ist es, der die Zeit der Ernte bestimmt, sondern die Saat. Wenn sie reif ist, ruft er aus: „Die Ernte ist da!" Dann schicken er und seine Leute die Sichel hin. Um keinen Tag früher.

Unser Gleichnis spricht also nicht von dem faulen Bauern, sondern von dem geduldigen, klugen Landmann. Es wird nicht behauptet, daß es ohne die Arbeit des Bauern geht, es wird nicht gesagt, daß Arbeit und Mühe des Bauern überflüssig sind. Betont wird nur, daß die Zeit der Ernte nicht in seiner Macht steht und daß er dies selbstverständlich findet und den von oben festgesetzten Zeitpunkt ohne Ungeduld erwartet.

Damit haben wir die unmittelbare Aussage des Gleichnisses geklärt. Wir haben da eine Antwort, die wir freilich erst dann richtig verstehen, wenn wir die dazugehörige Frage finden. Was mögen die Zuhörer Jesu wohl gefragt haben?

Wir wissen, daß die am meisten brennende Frage des zeitgenössischen Judentums war, wann die Verheißungen von der Wiederherstellung Israels und von der Offenbarung des

Gottesreiches, die übrigens völlig gleichgesetzt wurden, in Erfüllung gehen würden. Jesus hat seinen Zeitgenossen feierlich versichert: Das Gottesreich ist nahe herangekommen. Die nächstliegende Frage war nun: Wann wird es sich offenbaren? Das war auch die Fragestellung der Urgemeinde, die die Ankunft des Reiches in Jesu Kommen erblickte und die Vollendung des Reiches in Jesu Wiederkunft erwartete. Sowohl bei den gläubigen Juden als auch in der Urgemeinde bricht immer wieder mit Ungeduld die Frage hervor: Wann wird Israel befreit? Wann wird der Herr wiederkommen?

In der Apostelgeschichte stellen die Jünger ganz unverblümt die Frage: „Herr, wirst du in dieser Zeit wieder aufrichten das Reich für Israel?" Die Zebedäussöhne haben bereits die Ministerstühle ins Auge gefaßt. Es schien alles so greifbar nahe zu liegen. Und weil so nahe, so schwierig abzuwarten. Wiederholt mußte sich Jesus dieser Frage stellen. Und seine Antwort war immer: Geduld und Bereitschaft. So auch in diesem Gleichnis, welches offensichtlich lehrt, man könne die Ankunft des Reiches nicht beschleunigen, man solle sie in Geduld erwarten. Zugleich aber deutet das Gleichnis an, daß das Reich mit unfehlbarer Gewißheit und Präzision kommt, ähnlich wie die Saat einmal aufgeht und zur Reife gelangt. Auch im apokryphen 4. Esrabuch haben wir ein Gleichnis mit einer ähnlichen Aussage. Die Frage lautet dort: „Wann soll das geschehen?" und die himmlische Antwort: „Geh hin, frage die Schwangere, ob ihr Schoß, wenn ihre neun Monate um sind, noch das Kind bei sich behalten kann?"[1] Offenkundig nicht, denn das wäre gegen das Naturgesetz. Auch die Saat hat ihre Gesetze: Ist die Zeit um, ist die Ernte da. Aber weder früher noch später. So ist es auch mit dem Reich Gottes.

Unsere Generation fragt kaum nach der Ankunft des Gottesreiches. Bedeutet das, daß Jesu Gleichnis uns nichts mehr sagt? Ich würde meinen, daß unsere Frage zwar anders formuliert wird, aber im Grunde genommen die gleiche Frage ist. Auch in unserem Verhältnis zu Gott äußert sich nicht selten die Ungeduld, die Hoffnungslosigkeit, das Verzagen. Wir sind sogar geneigt, Gottes Lenkung in der Geschichte und im eigenen Leben in Frage zu stellen. Wie viele W-Fragen richten wir täglich an Gott, ja sogar gegen Gott: Wann, warum, wie lange? Die Antwort wird uns in unserem Gleichnis gegeben: Gottes Reich, das in uns ist, ist eine Wirklichkeit; aber es ist eine Wirklichkeit, die ebenso ihre Gesetze hat wie der Samen, der ausgesät wurde. Hoffnung und Geduld gehören ganz wesentlich zum christlichen Leben. Paulus bezeichnet als Heiden jene, die keine Hoffnung haben. Aber Hoffnung ohne Geduld ist ein innerer Widerspruch, wie auch Geduld ohne Hoffnung ein Unsinn ist. Und ein völliger Unsinn ist es, sich die Mühe zu ersparen, weil man sich der Hoffnung hingibt. Die Hoffnung ist die Triebkraft der Arbeit in Geduld und Ausdauer. Sie ist kein Vorwand für die Untätigkeit. Das gilt sowohl für die einzelnen als auch für die Kirche.

3

Gleichnis von den spielenden Kindern
Matthäus 11,16–19 vgl. Lukas 7,31–35

Am Buß- und Bettag sollte der Predigttext uns zu Buße und Gebet ermuntern. Tut dieser Text das? Vielleicht, indem er von Johannes dem Täufer redet, der kein Brot aß und keinen Wein trank? Besteht etwa darin die Buße? Doch er redet auch von Jesus, dem Menschensohn, der aß und trank und sich dafür die etwas zweifelhaften Bezeichnungen „Fresser und Weinsäufer", „der Zöllner und Sünder Geselle" einhandelte. Wo ist hier die Buße? Es ist nicht leicht zu entdecken. Auf jeden Fall: Wir sind nicht Johannesjünger, sondern Jesusjünger, also Jünger eines Fressers und Weinsäufers. Schöne Aussichten auf Buße! Und das Beten erwähnt unser Text mit keinem einzigen Wort! Buß- und Bettag... Es wäre gar nicht schlecht, wenn Sie etwas gespannt wären, wie ich mich aus der Affäre ziehe.

Fangen wir mit dem Täufer an. Er ist wahrhaftig nicht unser Vorbild. Er predigte zwar die Buße, doch seine Lebensweise ist zu Unrecht zum Inbegriff der Buße geworden. Im Mittelhochdeutschen stand noch „buoz" = Besserung, Abhilfe, und „buoze" = Strafe, Wiedergutmachung, nebeneinander. Auch in der Luthersprache bedeutet „büßen" noch ausbessern, wiederherstellen, ergänzen (heute noch: Lückenbüßer!). Doch hören wir jetzt das Wort „Buße" oder „büßen", so denken wir unweigerlich an Bußgeld, Strafe, und es fallen uns Wendungen ein wie etwa: „Das mußt du mir büßen!"

Das Wort hat in der Sprache offenkundig eine Bedeutungsänderung und Akzentverschiebung durchgemacht, die uns nicht klar genug bewußt ist. In der hebräischen Bibel lesen wir an den Stellen, die im Deutschen mit „Buße" und „Buße tun" übersetzt werden, das Wort „Umkehr" und „umkehren", in der griechischen Bibel und somit auch im Neuen Testament etwas weniger sinnfällig und visuell die Ausdrücke:

Umdenken, Sinneswandel, Änderung der Gesinnung... Das müssen wir uns vor Augen halten auch am Buß- und Bettag: Dieser Tag hat mit Sack und Asche, Fasten und Hungern und den verschiedensten Formen der Enthaltsamkeit nichts zu tun, wohl aber mit Rückbesinnung, mit Selbsterkenntnis und mit tiefgehenden Änderungen in unserem Ich. Sack und Asche können ein Zeichen sein für das, was in uns vor sich geht, doch ersetzen können sie das eigentlich Gemeinte keineswegs. Der erste Schritt zur Buße ist demnach das In-mich-Gehen, das Hineinleuchten und Hineinhorchen in mein Inneres mit der Frage: Was bin ich eigentlich? Wie sieht meine ungeschminkte Wirklichkeit aus? Wie ist es mit mir bestellt? Wir denken, der Mensch trage nur im Fasching eine Maske. Irrtum. Wir sind die einzigen Geschöpfe, die ohne Maske kaum leben können: Maske nach außen, Maske nach innen, und am Schluß verwechseln wir uns selber mit der Maske oder mit den Masken, die wir tragen. Also herunter mit der Maske vor uns selbst, und dann schauen wir uns, jeder sich selbst, jeder unmaskiert, im Spiegel ganz genau an! Wir versuchen freilich, einen möglichst vorteilhaften Gesichtsausdruck fertigzubringen, wir drehen unseren Kopf hin und her, auf und ab, höher und tiefer und suchen einen günstigen Lichteffekt. Hören wir auf! Wir sind so, wie wir sind. Wir sind häßlich.

Nun gut, her mit dem Spiegel! Wo ist er? Hier, in unserem Text. Jesus hält ihn uns vor: Es ist ein Gleichnis. „Wem soll ich dies Geschlecht vergleichen?" Aha – sagen wir. „Dieses Geschlecht", d.h. seine Zeitgenossen, die Juden, mit denen er täglich zu tun hatte... Das geht uns doch nicht an. Wir sind ein anderes Geschlecht, eine völlig andere Generation! Gewiß, gewiß: eine andere, aber eine um keine Spur bessere. Direkt kann jeder nur seine Zeitgenossen ansprechen, doch der Bibelleser kann keinen größeren Fehler machen, als wenn er die Kritik und den Ruf, die in der Bibel ertönen, von sich weist und in eine längst vergangene Zeit zurückbeordert. Er verhindert damit, daß das Bibelwort zum Gotteswort an ihn wird. Also sind mit diesem Geschlecht *wir* gemeint, jeder einzelne von uns, jede Generation vor uns und nach uns, doch wir dürfen uns nicht hinter ihnen und hinter anderen verstecken.

Jesus entwirft in einigen wenigen Worten eine kleine All-tagsszene und sagt: So seid ihr. Kinder sitzen am Marktplatz. Sicherlich zu einer Zeit, da die Erwachsenen diesen Platz nicht mehr ganz in Anspruch nehmen. Da könnten sie jetzt herrlich spielen, diese Kinder. Aber sie sitzen. Wenn Kinder sitzen, ohne daß sie dazu angehalten werden, wenn Kinder einfach dasitzen wie die müden, lahmen, nachdenklichen Erwachsenen, so ist das verdächtig. Aber vielleicht gehört dieses Sitzen zum Spiel. Schließlich bezeichnet man dieses Gleichnis gewöhnlich als das „Gleichnis von den spielenden Kindern".

Sehr zu Unrecht, meine ich. Diese Kinder machen einander bittere Vorwürfe. Das ist kein Spiel, nicht einmal ein gesunder Streit, eine gehörige Rauferei; das ist Resignation. Kinder, die resignieren, die mit sich, miteinander, mit der guten Gelegen-heit nichts anfangen können. Diese Kinder sind ein trauriger Anblick. Wir stellen uns Kinder doch ganz anders vor. Diese Kinder zeigen eine erschreckende Ähnlichkeit mit den Erwachsenen. Sie rufen einander etwas zu: Vorwürfe. Das ist die einzige Art Kommunikation, die ihnen übriggeblieben ist. Viele Ausleger denken, der Zuruf der Kinder sei eine Art Leier-liedchen, und das Spiel bestünde darin, dieses Liedchen endlos zu wiederholen. Das wäre doch ein ziemlich langweiliges Spiel. Andere meinen, das Spiel sei aus, und sie könnten sogar genau sagen, was gespielt werden sollte: zuerst eine Hochzeit, dann ein Leichenzug; doch die Kinder hätten sich weder auf das eine noch auf das andere einigen können. Aufgrund ihrer konkreten negativen Erfahrungen hätten die Kinder diesen rei-menden, rhythmischen, kunstvollen Vorwurf gebildet, den sie unisono einander entgegenschleudern. Das wären dann sehr schöpferische Kinder. Nein, das sind sie kaum.

Man vergißt, daß jedes Volk und auch das Kind jedes Volkes über einen Zitatenschatz verfügt, über geflügelte Worte, derer man sich in bestimmten Situationen mühelos bedient, um sei-ner Stimmung, Meinung, Entscheidung usw. einen verständli-chen konventionellen Ausdruck zu geben. „Wir haben euch aufgespielt, und ihr wolltet nicht tanzen; / wir haben euch vorgeklagt, und ihr wolltet nicht trauern!" ist eine solche stehende Wendung, deren Spuren schon im 5. Jahrhundert vor Christi Geburt nachzuweisen sind[2]. Der Sinn ist einfach; nur muß man freilich die Vorliebe der Volkssprache für die sogenannten polaren Ausdrücke kennen.

Polarer Ausdruck ist eine Wendung, die ein Gegensatzpaar anführt, um eine Gesamtheit auszudrücken. Die zwei extremen Verhaltensweisen stehen für eine Skala der verschiedensten Möglichkeiten, die zwischen den beiden Extremen liegen. Einige Beispiele sollen genügen. Den Verfressenen charakterisiert der römische Komiker Plautus so: „Er hat gegessen, was da war und was nicht da war"[3], mit anderen Worten: alles mögliche. Wenn es in der Bibel öfter heißt „weder Gutes noch Schlechtes sagen" (z.B. 1 Mos 24,50; 2 Sam 13,21), so bedeutet das „absolut nichts sagen". Wenn es heißt „ausgehen und hineingehen" (z.B. Jos 14,11; 1 Sam 29,6; 2 Kön 19,27), so bedeutet das „alles tun oder lassen", d.h. völlige Bewegungsfreiheit oder Handeln jeder Art.

Auf einer Hochzeit tanzen und in einem Leichenzug wehklagen bilden auch einen denkbar großen Gegensatz. Wem weder die Hochzeit paßt noch die Beerdigung, wer weder fröhlich sein will noch trauern, der will überhaupt nichts, dem paßt überhaupt nichts, dem kann man nichts vorschlagen, dem kann man nichts recht machen. Solche Kinder zeigt uns unser Gleichnis. Das Gleichnis von den Kindern, die nicht zu spielen vermögen. Sie haben den richtigen Platz dazu, sie haben Zeit, sie haben Spielkameraden. Sie dürfen spielen, doch sie vermögen nicht zu spielen. Es sitzt jedes für sich da, sie sind in der Gesellschaft allein, einsam, isoliert. Jedes sucht nur sich selbst und verliert darum das andere. Keines gönnt die Freude dem anderen; und darum bleibt die Freude auch ihm versagt.

Das Unvermögen der Kinder zu spielen ist das Unvermögen der Erwachsenen zu lieben und das Unvermögen zu leben. Es ist die Sünde. *Die* Sünde. Was wir sonst an verschiedenen Sünden unterscheiden, ist nichts anderes als verschiedene Äußerungen dieser einen eigentlichen und grundlegenden Sünde, die wir seit dem ersten Menschen in uns tragen. Die Sünden sind Symptome dieser Ursünde, wie auch die

Krankheiten verschiedene Symptome haben, ohne daß Krankheit und Symptom identisch wären. Jesus legt mit diesem Gleichnis seinen Finger auf unsere Wunde. Ob seine Berührung uns auch heilt?

Es wäre ein großes Mißverständnis zu meinen, Buß- und Bettag sei dazu da, einmal im Jahr unsere Sünden zu inventarisieren, sie verbal oder auch innerlich zu bereuen und um ihre Vergebung zu beten. Das auch. Aber das allein wäre nicht mehr, als die Symptome einer Krankheit zu kurieren anstatt die Krankheit selbst. Also laßt uns Buße tun, wie dieses Gleichnis es uns nahelegt! Wie könnte das Spiel unserer Kinder am Marktplatz wieder in Gang kommen? Wie könnte das Zusammenspiel in der Familie besser funktionieren? Wie könnte das Leben der Gesellschaft, der einzelnen und der Gruppen, das Zusammenleben der Völker, die Koexistenz zwischen Ost und West, Nord und Süd solider, fruchtbarer, erfreulicher und friedlicher werden?

Alle müßten das Ihrige dazu beitragen. Alle müßten sich ein wenig zurücknehmen, auf etwas verzichten, das berechtigte Interesse des anderen wahrnehmen und sich sogar freuen, dem anderen entgegenkommen zu können. Das würde heißen Gerechtigkeit und Liebe. Das würde heißen, unser Unvermögen zu lieben, das Jesus an diesen Kindern als Unvermögen zu spielen demonstriert, zu überwinden. Aus eigener Kraft schaffen wir das nicht. Es gibt keine Buße, keine echte Umkehr ohne Gebet. Jeder soll Buße tun, aber einer soll den Bann brechen, einer soll anfangen und der erste sein. Es fragt sich: Wer? Fragen wir Jesus! Jeder für sich. Mir sagt er ganz deutlich: Du. Sagt er Ihnen etwas anderes?

Vielleicht wirft mir jemand vor, daß ich auf den zweiten und dritten Absatz des Predigttextes nicht einmal kurz eingegangen bin. Die Worte von Johannes und dem Menschensohn und das Wort von der Weisheit können wohl von Jesus stammen, aber kaum als Auslegung des Gleichnisses. Eine heilsgeschichtliche Betrachtung des Umgangs der Zeitgenossen mit Johannes und mit Jesus bringt uns nicht weiter. Darum mußten wir das Gleichnis Jesu sozusagen freilegen. Damit es bei uns etwas mehr bewirkt als einen unbeteiligten Blick in die Vergangenheit. Dieses „Mehr" ist unsere Betroffenheit. Nur dazu hat Jesus Gleichnisse erzählt.

4

Gleichnis vom verborgenen Schatz
Matthäus 13,44

Die quälendste Frage, die heute unser ganzes theologisches Denken bestimmt, könnte man vielleicht so formulieren: „Wie kann das Christentum und die Religion überhaupt in unserer modernen Welt noch eine Daseinsberechtigung haben?" Eine Antwort zu geben ist nicht leicht. Man soll froh sein, wenn man einige Ansätze dazu findet. Ich glaube, drei wichtige Ansätze zu einer Antwort in unserem Gleichnis entdeckt zu haben. Erstens: Glaube und Theologie sollen sich ganz der Gegenwart, ja dem Augenblick, zuwenden. Sie sollen das Heute bewältigen und sich nicht mit Zukunftsvisionen oder Träumen abgeben. Zweitens: Jeder sichtbare oder latente Lohngedanke muß der Erkenntnis weichen, daß alles, was wir von Gott erwarten, seinem Wesen nach ein Geschenk ist, das wir weder verdienen noch erwerben können. Drittens: Ein Glaube, der mich nicht froh macht und mit Freude erfüllt, ist kein Glaube. Durch eine gewissenhafte Auslegung des Gleichnisses vom verborgenen Schatz werden diese Erkenntnisse, wenn ich recht sehe, von Jesus selbst bestätigt.

Unser Gleichnis vergleicht das Himmelreich, d. h. das Gottesreich, mit einem im Feld verborgenen, vergrabenen Schatz. Man könnte annehmen, daß bereits dieser Vergleich die Anlage des ganzen Gleichnisses bestimmt und auf die verborgene „Natur" des Gottesreiches hinauswill. Man muß diesen Schatz entdecken, sonst geht man ahnungslos an ihm vorbei. Nun, in unserem Gleichnis wird dieser Schatz entdeckt, und diese Entdeckung erfüllt den Finder verständlicherweise mit großer Freude. Mit dieser Freude könnte das Gleichnis ausklingen. Es würde uns sagen, daß wir an diesem Reich tagtäglich vorbeigehen; es würde uns auffordern, die Augen weit zu öffnen, damit wir diesen Schatz als eine gegenwärtige und greifbare Größe erkennen und von einer kaum vorstellbaren

Entdeckerfreude über das unverdiente Glück erfüllt werden. Das wäre eine Aussage für mein Heute, bezogen ganz und gar auf die Welt, in der ich lebe; eine Aussage, die mich bereits jetzt erzittern und hoffen läßt, ich, auch ich, könnte diesen Schatz entdecken. Ich hätte dann den Vorgeschmack, die Vorfreude, oder die Freude über die Erinnerung an meine seltenen Sternstunden, in denen ich diesem Schatz so nahe war, daß ich die Hände nach ihm ausstrecken konnte. Es wäre ein wunderbares Gleichnis!

Aber das Gleichnis im Matthäusevangelium geht weiter und nimmt eine unerwartete Wendung. Der Entdecker deckt den Schatz wieder zu, geht fort und verkauft alles, was er besitzt, um schließlich den Acker zu erwerben und so in den Besitz des Schatzes zu kommen. Das Gleichnis verblaßt von Wort zu Wort, die Freude wird fast vergessen, die Besitznahme rückt ganz in den Vordergrund, und die Entdeckung wird lediglich zu einer *Voraussetzung* dieser komplizierten Inbesitznahme. Durch diese Fortsetzung wird nicht nur unser ästhetisches Gefühl verletzt; es werden auch an unser logisches Denken Fragen gerichtet. Um das Gleichnis in den Griff zu bekommen, müssen wir diesen Fragen nachgehen und die unmotivierten und unwahrscheinlichen Züge herausstellen.

Wieso und wozu findet der Mann den Schatz in einem *fremden* Acker? Wäre es nicht sinnvoller, den Fund im eigenen Bereich, auf dem eigenen Acker, machen zu lassen? Auch wir finden, wenn wir es finden, das Gottesreich nicht in den Wolken, sondern in unserem eigenen Bereich, in uns selbst.

Es ist nicht einzusehen, daß der Mann den Schatz nur heben kann, wenn er den Acker erwirbt. Wie er ihn unbeobachtet entdeckt, könnte er ihn ebenso unbeobachtet, etwa in der Nacht, heben. Moralische Bedenken kommen kaum in Betracht, weil die Handlungsweise des Mannes auch beim rechtmäßigen Erwerb des Ackers unkorrekt bleibt. Denn er bezahlt nur den normalen Preis und nicht den durch den Schatz wesentlich gesteigerten Wert des Grundstücks.

Es scheint, daß diese *komplizierte* und *ungewöhnliche* Geschichte nur dazu dient, daß der Gleichniserzähler den für ihn offenbar wichtigen Schritt „Er geht hin und verkauft alles, was er hat" anbringen kann. Aber dadurch fällt dem verborgenen Charakter des „Schatzes" eine sekundäre Rolle zu: Auf diese Weise kann *alles* erworben werden. Trotz der anfänglichen Erwartung des Lesers geht es in diesem Gleichnis im wesentlichen nicht um das *Entdecken*, sondern um das *Erwerben* des Schatzes. Zwar wird die Freude erwähnt, aber sie bleibt ein unwesentlicher Zug, der vom *Opfergedanken* völlig verdrängt und verdeckt wird. Die Aussage des Gleichnisses in dieser Form beschränkt sich auf die Feststellung, daß man das Reich ohne Opfer, ja ohne Verzicht auf seinen *ganzen* Besitz nicht erwerben kann. Daß sich dieser Verzicht lohnt, weil man dadurch ein Mehrfaches, Vielfältiges, Hundertfältiges gewinnt, entspricht der synoptischen *Nachfolgetheologie*, wie sie sich etwa in der Redekomposition vom Lohn der Nachfolge (Mk 10,28–30; Mt 19,29; Lk 18,29–30) darstellt.

Die überlieferte Form des Gleichnisses bezeugt also eine Fortentwicklung, die von der Nachfolgetheologie der Synoptiker (Markus, Matthäus, Lukas) her verständlich gemacht werden kann. Dieser Einfluß der Nachfolgetheologie läßt sich auch sprachlich und stilistisch erhärten. „Hingehen und alles verkaufen, was man hat" ist eine Formel der Nachfolgetheologie, wie sie z.B. in der Erzählung vom reichen Jüngling steht: „Gehe hin, verkaufe alles, was du hast..., so wirst du einen *Schatz* im Himmel haben" (Mk 10,21; Mt 19,21; Lk 18,22). Die sprachliche Übereinstimmung ist im Griechischen so weitgehend, daß ein Zusammenhang zwischen unserem Gleichnis und der Erzählung vom reichen Jüngling nicht zu übersehen ist. Es besteht kein Zweifel daran, daß unser Gleichnis seine ursprüngliche Form nicht bewahren konnte und unter Zurückdrängung seines Spezifikums (verborgen und gefunden) zu einer Illustration der Nachfolgetheologie geworden ist: Verzicht, Opfer und Preisgabe des ganzen Besitzes. Der Charakter des Verborgenseins und der Geschenkcharakter des Reiches kommen hier auf keine Weise zum Ausdruck; sie werden nachträglich aufgehoben, obgleich die ursprüngliche Erzählung offenkundig daraufhin angelegt ist.

Man muß sich freilich fragen, wie es zu dieser neuen Zuspitzung der Erzählung kommen konnte. Es dürfte kein Zufall sein, daß unser Gleichnis bei Matthäus mit dem Gleichnis von der Perle (13,45–46) ein *Gleichnispaar* bildet. Im Perlengleichnis ist nun die Wendung „Er ging hin und verkaufte alles, was er hatte" sinnvoll und motiviert. Das Verkaufen der ganzen Schiffsladung, um die Perle erwerben zu können, ist kein Opfer oder Verzicht, sondern eine kluge Handlung, ein gutes Geschäft. Es ist nun naheliegend, die fragliche Wendung in der matthäischen Form des Schatzgleichnisses als durch die Vermittlung des Perlengleichnisses eingedrungen zu denken. Das scheint vorauszusetzen, daß die beiden Gleichnisse bereits in der Überlieferung, die Matthäus vorlag, verbunden waren und vom Evangelisten als ein Gleichnispaar mit der *gleichen* Aussage empfunden wurden.

Ich habe also Gründe, die matthäische Fassung des Schatzgleichnisses als eine bewußte Neuinterpretation des Gleichnisses anzusehen. Demgegenüber begegnen wir im apokryphen Thomas-Evangelium (Logion 109) einer eher *verwilderten*, also nicht vom Verständnis her bewußt gestalteten Form des Gleichnisses: „Jesus sprach: Das Königreich gleicht einem Manne, der auf *seinem* Acker einen verborgenen Schatz hat, von dem er nicht weiß. Und nach seinem Tode ließ er den Schatz seinem Sohn. Der Sohn wußte nicht davon. Er nahm jenen Acker; er verkaufte ihn. Und der, welcher ihn gekauft hatte, kam. Beim Pflügen fand er den Schatz. Er begann, Geld zu geben auf Zinsen denen, die er wollte."[4]

Aus dem ursprünglich extrem kurzen Gleichnis ist auch hier eine komplizierte, aber im Gegensatz zur matthäischen Fassung novellistisch ausgeschmückte dreiteilige Erzählung geworden, wobei die Einführung der Dreiheit der aufeinanderfolgenden Besitzer durch nichts gerechtfertigt werden kann. Nur ein einziger Besitzerwechsel ist zum Verständnis notwendig: der Verkauf des Ackers an *den* Mann, der dann den Acker selber bebaut und gleichsam als Belohnung seines Fleißes den Schatz findet. Aber die Aussage des Gleichnisses wird hier durch die novellistische Erweiterung am Anfang im wesentlichen nicht berührt: Das Reich des Vaters ist eine verborgene Größe, die gefunden und erkannt werden will. Gnostisch gefärbt ist lediglich der Gedanke, daß das Reich nur von dem gefunden wird, der sich bemüht, ja sich dabei abmüht (vgl. Logion 59)[5].

Trotz der novellistischen Verwilderung und gnostischen Neuinterpretation ist das Gleichnis im Thomas-Evangelium zur Rekonstruktion der ursprünglichen Form und Aussage des Gleichnisses Jesu vom Schatz hilfreich. Die Entdeckung des Schatzes bildet hier den Höhepunkt, der zugleich den Schluß des Gleichnisses bedeutet. Wenn wir nun vom bewußt gnostisch neugestalteten Motiv des Sich-Abmühens absehen, uns auf die novellistisch nicht ausgeschmückten Passagen beschränken und die Aussage in ihnen suchen, bleibt folgende Aussage übrig: Das Reich ist verborgen und bleibt auch dann ein unverdientes Geschenk, wenn es uns offenbart, von uns gefunden und erkannt wird. Dieses Ergebnis fällt ziemlich mit dem Ergebnis zusammen, das bei der Analyse der matthäischen Form erzielt werden konnte. Unter Ausschaltung des bewußt hineingetragenen Zuges vom Verzicht auf alles, was man besitzt, bleibt auch bei Matthäus nur die Aussage: Das Reich Gottes ist seinem Wesen nach etwas Verborgenes, und es zu entdecken ist ein Geschenk Gottes.

Dieses Reich entdecken wir nicht im Jenseits, sondern hier auf Erden, dort, wo wir mit beiden Füßen stehen: in uns und in unseren Mitmenschen. Aber es gibt nur ganz wenige Augenblicke in unserem Leben, in denen wir an dieses Reich nicht nur glauben, sondern es erleben. Wir können es suchen, wir können nach ihm trachten, aber es zu finden ist das größte und herrlichste Geschenk Gottes. Aus dieser Erfahrung heraus ist das Gebet Jesu zu verstehen: „Ich preise dich, Vater und Herr des Himmels und der Erde, daß du dies vor den Weisen und Klugen verborgen hast" (Mt 11,25). Und seine Ermunterung an uns: „Fürchte dich nicht, du kleine Herde! Denn es ist eures Vaters Wohlgefallen, euch das Reich zu geben" (Lk 12,32).

So werden die eingangs aufgestellten drei Thesen durch das Gleichnis bestätigt. Unser Glaube soll sich ganz der Gegenwart zuwenden. Ein Augenblick ist wichtiger als Millionen

Jahre. Unser ganzer Glaube soll beherrscht werden von der Erkenntnis, daß alles, was uns über uns selbst erhebt, Gottes Geschenk ist. Und schließlich kann der wahre Glaube eine einzige Wirkung auf unser Gemüt haben, und das ist die Freude. Ich denke, mit diesen drei Sätzen ist die schwer übersetzbare Aussage des Gleichnisses Jesu vom verborgenen Schatz richtig getroffen.

5

Gleichnis von der Perle
Matthäus 13,45–46

Der heutige Tag ist der Todestag Martin Luthers. Ich glaube, wir tun recht daran, wenn wir diesen Gottesdienst zugleich als einen Gedenkgottesdienst feiern, aber nicht, indem wir von ihm reden und ihn würdigen, sondern dadurch, daß wir unseren Gottesdienst in seinem Sinn gestalten.

Während sich die mittelalterliche Theologie und die Meßfeier des Mittelalters von der Bibel mehr und mehr entfernten, stellte Luther die Schrift in den Mittelpunkt seiner theologischen Bemühungen und in den Mittelpunkt des Gottesdienstes. Dabei ging es ihm immer wieder darum, die von ihm wiederentdeckte Frohbotschaft „ohne unsere Würdigkeit und ohne unsere Verdienste" als die Mitte der Schrift aufzuzeigen. Wir wollen also nach seinem Beispiel uns um den Sinn einer Bibelstelle ernsthaft bemühen und am Gleichnis von der Perle zeigen, daß die Frohbotschaft Luthers die Frohbotschaft Jesu ist.

Der Mann in unserem Gleichnis gibt alles her, um die Perle zu erwerben. Er *kauft* sich sozusagen das Himmelreich und zahlt den höchsten Preis dafür, nämlich *alles*, was er hat. Es scheint also ein hoffnungsloses Unterfangen zu sein, im Zusammenhang mit diesem Gleichnis davon zu reden, daß das Reich uns zufällt ohne unsere Würdigkeit und ohne unsere Verdienste.

Die wesentlichste Frage ist die nach der handelnden Person des Gleichnisses. Sie ist nicht einfach als ein Mensch charakterisiert, sondern als ein *Kaufmann*. Eine riskante Investition gehört in seinem Beruf immer zum großformatigen Geschäft. Eine kostbare Perle kann von ihm, wenn sie ihm angeboten wird, nur durch Kauf erworben werden. Hat er das Geld, das dafür verlangt wird, nicht flüssig, muß er einiges verkaufen und unter Umständen unter dem Wert abstoßen, um durch den späteren Verkauf der Perle dann alles wieder mit Gewinn hereinzubekommen. Er verkauft also unter Umständen „*alles*, was er hat".

Aber was ist unter diesem *alles* zu verstehen? Wenn wir beachten, daß im griechischen Text der Mann nicht als Kleinkaufmann, Ladenbesitzer oder Krämer bezeichnet wird, sondern als Großkaufmann oder Export-Import-Kaufmann, der mit seiner Ware *unterwegs* ist und sich in einem Land befindet, wo Perlen angeboten werden, dann kann „alles, was er hatte" nur das bezeichnen, was er *bei sich* hatte, d.h. seine *ganze Ware*. Aber dann geht es bei ihm nicht um Selbstentsagung oder um totalen Besitzverzicht, sondern um die Hinnahme eines schlechten Geschäftes um eines *besseren* Geschäftes willen.

Der Großkaufmann bekommt bei Matthäus eine weitere Charakterisierung: „ein Großkaufmann, der schöne *Perlen suchte*". Das kann freilich auch Liebhaberei andeuten, wird aber von Matthäus eher als eine Angabe der Branche verstanden. Denn eine Liebhaberei solcher Art kann jeder reiche Mann haben; er braucht dazu nicht unbedingt ein Kaufmann zu sein. Bei einer Liebhaberei wäre also die Berufsangabe völlig bedeutungslos und überflüssig. Also ist der Mann bei Matthäus ein *Perlenhändler*.

Seit der Entdeckung des apokryphen Thomas-Evangeliums haben wir eine zweite Fassung des Perlengleichnisses (Logion 76): „Das Königreich des Vaters gleicht einem Kaufmann, der eine Warenladung hatte und eine Perle fand. Der kluge Kaufmann gab die Warenladung fort; er kaufte sich einzig die Perle. Sucht auch ihr für euch nach dem Schatz, der nicht vergeht, der bleibt, dem Ort, in den keine Motten eindringen, um zu fressen, und kein Wurm zerstört."[6]

In dieser Fassung handelt es sich um einen fahrenden Kaufmann, der eine Schiffsladung oder ein auf ein Kamel aufgeladenes Warenbündel hatte. Die außergewöhnlich kostbare Perle paßt nicht in den bescheidenen Alltag, und ein reisender Kaufmann wird in seinem Warenbündel kaum solche Schätze haben, daß er sich durch ihren Verkauf jene Kostbarkeit erwerben kann. Mir scheint also, daß im Thomas-Evangelium die Bedeutung des fraglichen Wortes eher als Schiffsladung zu erklären ist. Auf jeden Fall erscheint die Thomasfassung ursprünglicher als die matthäische, wenn es heißt, daß der Kaufmann seine *Warenladung* und nicht, wie bei Matthäus, seine *ganze Habe* verkauft hat.

Wenn ich der Thomasfassung des Gleichnisses den Vorzug geben möchte, so bedeutet das keineswegs, daß ich mich damit auch dem *Verständnis* desselben im Thomas-Evangelium anschließe. Denn das Gleichnis wird im Thomas-Evangelium dahingehend ausgelegt, daß auch wir nach dem unverderblichen Schatz suchen sollen, der weder von Motten noch von Würmern zerstört werden kann (vgl. Mt 6,20; Lk 12,33). Die Perle wird also hier als ein unzerstörbarer Besitz den vergänglichen und stets gefährdeten Waren gegenübergestellt. Gemeint ist das wahre Ich, die Eigentlichkeit des Menschen im Gegensatz zur Welt, der göttliche, unsterbliche Funke in uns, dessen Entdeckung und Befreiung ein Grundgedanke der gnostischen Theologie ist. Zwar leistet also die Thomasfassung zur Rekonstruktion der Urform des Gleichnisses wertvolle Hilfe, aber die Aussage müssen wir unabhängig von ihr erarbeiten.

Dabei sollten wir nicht übersehen, daß die drei Gleichnisse vom Schatz, von der Perle und vom Fischnetz bei Matthäus eng miteinander verknüpft sind. Es geht ihnen kein Gleichnis unmittelbar voraus, und es folgt unmittelbar kein Gleichnis mehr auf sie. Auch durch die schematische Einleitung sind sie miteinander eng verbunden: „Das Himmelreich ist gleich... Wiederum ist das Himmelreich gleich... Wiederum ist das Himmelreich gleich..." Es ist also anzunehmen, daß sie auch ursprünglich eine *Dreiheit*, eine Gleichnistrias mit der gleichen Grundaussage bildeten. Aber diese Grundaussage war Matthäus nicht mehr klar. Eine für das matthäische Gleichnisverständnis charakteristische allegorisierende Tendenz wirkte bei der Neugestaltung der drei Gleichnisse maßgeblich mit. Matthäus verstand unter dem Schatz und unter der Perle das Himmelreich selbst. Den Schlüssel zum allegorischen Verständnis seines Gleichnisses vom Fischnetz gibt er in den Versen 49–50 selber an.

Wir müssen nun freilich Matthäus gegenüber betonen, daß das Gottesreich ursprünglich nicht der Schatz ist. Der Vergleichspunkt ist die *Situation* des Menschen, der etwas Beglückendes, Unerhofftes findet. Das Gleichnis stellt den verborgenen Charakter und das Geschenkhafte des Gottesreiches heraus. Ebensowenig ist in der ursprünglichen Form des Gleichnisses vom Fischnetz das Gottesreich der große Fisch. Auch hier ist der Vergleichspunkt die augenblickliche Situation des Fischers und sein unreflektiertes Handeln dabei, indem er die kleinen Fische fortschwimmen läßt. Die Gleichnisse wollen unsere *Begegnung* mit dem Gottesreich und unser völlig neues Lebensgefühl sozusagen in Momentaufnahmen zeigen. Keines der drei Gleichnisse will aussagen, worin das Gottesreich besteht, sondern mit welcher menschlichen Situation die Begegnung mit dem Reich vergleichbar ist.

So ist auch in unserem Gleichnis die Perle nicht das Gottesreich; auch will die Perle nicht als ein Bild vom Gottesreich verstanden werden und dessen unvergleichlichen Wert zum Ausdruck bringen. Wichtig ist wieder die gut beobachtete menschliche Situation. Ich möchte nicht von einer einmaligen Gelegenheit reden, die mit dem ganzen Einsatz des Menschen wahrgenommen wird. Es geht vielmehr um eine große Entdeckung, um den Augenblick des Angebotes, das völlig neue Perspektiven eröffnet. Dieser Augenblick fordert vom Kaufmann ein Handeln nach neuen, ungeahnten Gesichtspunkten. Er ist überwältigt von der Perle, und so tut er ohne Zögern den Schritt, der ihn aus seinem Bisher hinausführt. Er bringt ohne Mühe den Mut zu einer neuen Zukunft auf. Er geht das Risiko ein, ja vergißt völlig das Risiko, und wagt etwas ganz Großes, ohne das jedes große Geschäft unmöglich ist. Im Augenblick seines Entschlusses ist er ein neuer Mensch, der auf sein bisheriges Geschäftsleben wie auf eine Kleinkrämerei zurückblickt, die jetzt endgültig und unwiderruflich vorbei ist. Es gibt für ihn kein Zurück mehr: Er hat den steilen Weg nach oben beschritten.

Er könnte freilich auch ganz anders reagieren, anders handeln. Er könnte sagen: „Ich habe meine Ware bereits eingekauft; ich kann nun endlich die Rückreise antreten." Oder:

„Ich habe kein Bargeld mehr, um die Perle zu kaufen. Vielleicht im nächsten Jahr…" Nein. Er stellt alles auf den Kopf, tritt aus dem Trott heraus, verwirft seine bisherige Konzeption vom braven und soliden Geschäft, stößt seine Ware kurzerhand ab, um das beste Geschäft seines Lebens zu machen. Was seine Haltung charakterisiert, heißt, ins Religiöse übertragen: Glaube.

Wie anders sind wir! Wie selten erkennen wir den großen Augenblick! Wie selten ahnen wir, daß das Gottesreich an uns ganz nahe herangekommen ist! Und auch wenn wir es ahnen, werden wir nicht überwältigt und können uns von unserem Bisher nicht trennen. Wir bleiben ein ganzes Leben lang Kleinkrämer. Die vielen verpaßten Gelegenheiten beunruhigen uns nicht, wir kennen die Freude des großen Anblicks nicht. Uns kommt es auf die Sicherheit an, und deshalb sind wir zufrieden, wenn wir so bleiben, wie wir sind. Nur eines fehlt uns: Glücklich sind wir nicht.

Aber wozu hat dann Jesus dieses Gleichnis erzählt? Könnte es nicht doch sein, daß sich uns plötzlich ein ganz neuer Lebenssinn auftut und wir bereit sind, daraus auch Konsequenzen zu ziehen? Könnte Martin Luther nicht gerade dabei wegweisend sein?

6

Gleichnis vom Fischnetz
Matthäus 13,47–50

Das Gleichnis Jesu vom Fischnetz soll unter dem Bilde eines alltäglichen Geschehens den Abschluß der Weltgeschichte darstellen: Gottes Reich werde vollendet, indem die Bösen ausgeschieden werden, und die Gerechten ihren Platz im ewigen Reich einnehmen. Also ein Gerichtsgleichnis, das die Bösen mit Angst erfüllen soll, die Gerechten aber mit Hoffnung und Freude, da ihre Gerechtigkeit einmal doch offenbar wird.

Das Gleichnis wendet sich also an mich und an jeden einzelnen. Es richtet sich an die Bösen und an die Gerechten. Aber wer sind die Gerechten und wer die Bösen? Wer muß da zittern, und wer darf hoffen? Ich wage es nicht, mich zu den Gerechten zu zählen. Aber auch zu den Bösen will ich nicht gezählt werden. Das wäre ungerecht. Ich bin ein Mensch, ein schwacher Mensch, weder gerecht noch böse; und ich frage mich, ob man die gesamte Menschheit überhaupt so zweiteilen und sortieren kann, wie man hier die Fische sortiert.

Das Gleichnis wendet sich an mich, aber ich wende mich von ihm ab. Es kann mir weder Furcht einjagen noch Freude und Hoffnung einflößen. Dieses Gleichnis wiederholt nur in einem Bild das Dogma der spätalttestamentlichen Zeit vom Weltgericht. Mit anderen Worten: Jesus sagt hier nichts Neues. Seltsam. Sonst kann er mich mit seinen Gleichnissen ganz unruhig und sehr nachdenklich machen. Diesmal läßt das Gleichnis mich kalt.

Aber vielleicht will er mir etwas ganz anderes sagen! Vielleicht soll ich mir Mühe geben, über den Sinn immer wieder nachzudenken, bis ich mir an die Stirn schlage und den Kopf schüttle: Jetzt hab ich's! Daß ich das nicht früher begriffen habe! Ja! Mit den anderen Gleichnissen ist es so. So muß es auch hier sein. Jetzt weiß ich, wenn ich den Sinn herausbekomme, werde ich ihn nie vergessen.

Aber das geht doch nicht! Jesus selber hat sein Gleichnis ausgelegt; und der Evangelist Matthäus hat auch die Auslegung aufgezeichnet. Das Gleichnis macht nur zwei Verse aus, Verse 47 und 48, und dann folgt gleich die Auslegung, Verse 49 und 50: „So wird es geschehen bei der Vollendung der Weltzeit... Dort wird Klagen und Zähneklappen sein!" Und dann fragt Jesus noch seine Jünger: „Habt ihr auch alles verstanden?" Und sie antworten ihm: „Ja". Also ist hier nichts zu machen; es bleibt beim Klagen und Zähneklappen...

Ach! Wie ich die Prediger früherer Zeiten beneide! Durch solche Gleichnisse waren sie noch bei weitem nicht in Verlegenheit zu bringen. Sie malten das Klagen und Zähneklappen so wunderbar realistisch aus, als ob sie eine Direktübertragung aus der Hölle hielten. Und der Erfolg blieb nicht aus: Die Leute zogen ihren Kopf ein, und waren sie zufällig Katholiken, drängten sie sich in Scharen um den Beichtstuhl. Auf jeden Fall hatte das Gleichnis Jesu gewirkt. Das Gleichnis? Jesus? Oder eher die Phantasie und Beredsamkeit des Predigers?

Aber wir sollten doch nicht so schnell aufgeben! Wir sollten das Gleichnis genau prüfen, und zwar unabhängig von der mitgelieferten Auslegung, die vielleicht gar nicht von Jesus stammt, sondern lediglich das Verständnis der christlichen Gemeinde widerspiegelt. Das sollten wir um so eher tun, weil es überhaupt gegen den Sinn der Gleichnisrede ist, wenn der Lehrer sein Gleichnis auslegt. Auch ein Witz, den man erläutern muß, ist ein schlechter Witz. Wann soll man dann lachen: nach dem Witz oder erst nach der Erläuterung?

Im Gleichnis wird ein Vorgang geschildert, in welchem der springende Punkt entdeckt werden muß, um eine Ähnlichkeit mit der zu erklärenden Sache feststellen zu können. Aber diese Ähnlichkeit darf nicht bereits bekannt sein, sondern der Zuhörer soll sie erst durch eine nachdenkliche Überlegung des Erzählten erkennen und damit eine neue Seite der Sache, die zur Diskussion steht.

Der geschilderte Vorgang ist in unserem Fall denkbar einfach und natürlich. Wenn das Schleppnetz ans Ufer gezogen worden ist, fängt das Sortieren an. Die Fische kommen in verschiedene Körbe, denn sie sind von jeder Art, von verschiedener Qualität, von verschiedenem Wert. Soweit in Ordnung. Aber wie kann man diesen Vorgang als Gleichnis anders deuten, als er tatsächlich gedeutet wurde? Ist der springende Punkt nicht eben das Aussortieren, welches ein ähnliches Sortieren als die Vollendung und den neuen, endgültigen Zustand des Gottesreiches andeuten soll? Man muß zugeben, daß da ein anderer, besserer Sinn kaum entdeckt werden kann. Jedem Begriff, jedem Moment in der Auslegung entspricht etwas ganz Genaues in der Erzählung: Meer – Welt, Netz – Kirche, Fische – Menschen, Fischer – Engel, Körbe – himmlische Wohnungen, Hinauswerfen – in den Feuerofen = Hölle werfen.

Aber gerade das sollte uns stutzig machen. Denn dann haben wir eigentlich kein Gleichnis vor uns, sondern eine Allegorie. Und dann wäre es denkbar, daß das ursprüngliche Gleichnis Jesu nicht getreu tradiert, sondern vom Verständnis der Gemeinde her retuschiert, zurechtgelegt wurde. Das wäre gar nicht so selten: Bei etlichen Gleichnissen läßt sich ähnliches feststellen, besonders dann, wenn ein und dasselbe Gleichnis von mehr als einem Evangelisten überliefert wurde. Leider ist das hier nicht der Fall, und so müssen wir durch die Analyse des Vorgangs die Punkte entdecken, die unsere Vermutung bestätigen können.

Es fällt uns zunächst auf, daß die Erzählung des Vorgangs beim Sortieren auf eine *Zweiteilung* aus ist: Es werden die *guten* und die *schlechten* Fische getrennt. Aber ist wirklich das der Gesichtspunkt beim Fischsortieren? Wird das nicht eher nach der Art und Größe gemacht? Gibt es überhaupt gute und schlechte Fische? Das griechische Wort für „schlecht" bedeutet eigentlich „faul", „modrig", und wird in der Literatur im Zusammenhang mit faulenden Fischen, morschen Bäumen, faulenden Oliven, Feigen und Weintrauben gebraucht. Auch ein bröckliger, zum Bauen unbrauchbarer Stein kann so bezeichnet werden. Modrige, faulende Fische gibt es im See kaum. Also wird hier die Bedeutung „unbrauchbar" zutreffen. Trotzdem hat man das Gefühl, daß diese Zweiteilung von der Auslegung, die eine Entsprechung für die Bösen und die Gerechten braucht, inspiriert worden ist. Auf jeden Fall ist die Schilderung so angelegt, daß die Hauptdarsteller weder das Netz noch die Fischer sind, sondern die *Fische*, die im Netz sind. Das sind zwar keine Akteure, sie sind ja vollkommen passiv, aber wenn ich mich im Gleichnis suche, muß ich bei den Fischen bleiben, mich mit ihnen identifizieren. Ihr Schicksal ist mein Schicksal.

Mit anderen Worten: Das Gleichnis erzählt zwar aus der Perspektive der Fischer (brauchbar – unbrauchbar für die *Fischer!*), und das ist ganz natürlich. Will ich aber das Gleichnis als Gleichnis verstehen, so muß ich den ganzen Vorgang aus der „Fischperspektive" betrachten: Ich muß schauen, daß ich ein guter Fisch werde. Aber diese „Fischperspektive" und überhaupt der Wechsel der Perspektive ist unnatürlich. Ja, man kann es noch härter formulieren: Diese Perspektive ist *unmöglich*. Denn stelle ich mich auf den Fischstandpunkt, dann pfeife ich auf den ganzen Vorgang, und das Gleichnis geht nicht auf. Bin ich einmal herausgefischt, so geht mich das ganze Sortieren nichts mehr an. Gut, ich wandere nicht in die Körbe, sondern werde als unbrauchbar weggeworfen. Wenn die Fischer vernünftig sind, werfen sie mich sogar zurück ins Wasser. Wenn nicht, gehe ich zugrunde. Vielleicht werde ich in den Feuerofen geworfen. Vielleicht fressen mich die Katzen, die Hunde, die Vögel. Mir ist es egal! Und was geschieht mit meinen Kameraden, den guten, schönen, brauchbaren? Sie werden freilich ein schöneres Schicksal haben. Sie werden gedörrt, sie kommen in Öl, in Salz, werden geräuchert, kommen in die Suppe oder in die Bratpfanne oder auf den Spieß. Denn sie sind eben brauchbar.

Wir sehen, das Gleichnis leidet an diesen perspektivischen Schwierigkeiten. Aber das ist ein Zeichen, daß die Schilderung irgendwo einen Bruch hat. Die Erzählung ist der Natur der Dinge entsprechend so angelegt, daß sie als Gleichnis auf diese Weise nicht zum Zug kommen und höchstens als eine *schlechte* Allegorie bewertet werden kann.

Schuld an der Sache ist die erwähnte „Fischperspektive". Der Vorgang muß den *aktiven* Darstellern die *Hauptrolle* lassen und so erzählt werden, daß dabei kein perspektivischer Bruch entsteht, sondern alles vom Standpunkt der *Handeln-*

den aus gesehen wird. Das sind aber die *Fischer*. Also gehört unser Gleichnis nicht ohne Grund zu einer Gleichnistrias, zusammen mit dem Gleichnis vom Schatz im Acker und dem Gleichnis von der Perle, mit denen unser Gleichnis bei Mat-. thäus in einem Zug erzählt wird. Diese beiden Gleichnisse werden nicht auf die Endzeit bezogen, und die Handlungsweise der *handelnden* Personen ist in ihnen der springende Punkt. So auch hier. Nur daß es in den beiden anderen jeweils um *eine* Person geht, hier um *mehrere* Personen, nämlich um mehrere Fischer. Noch besser wäre freilich auch hier die Einzahl. Die Mehrzahl dürfte von der Allegorie herkommen, die in den Fischern die Engelscharen sieht. Also spricht man besser vom Gleichnis vom Fischer.

Ist der Fischer allein, so hat er natürlich kein Schleppnetz, sondern eher ein *Wurfnetz*. Aber dann steht er im Wasser und fängt nicht eine Unmenge von Fischen ein und nicht Fische von *jeder* Art (die große Zahl kommt vom Weltgericht her!), sondern immer nur eine kleinere Zahl und in der Regel von der gleichen Gattung. Das Sortieren am Ufer entfällt; was er nicht behalten will, schleppt er nicht ans Ufer, sondern wirft es gleich ins Wasser zurück. Auf jeden Fall tut er das, wenn sein Netz voll ganz kleiner Fische ist. Die müssen noch wachsen. In manchen Fällen muß er sie mustern und überlegen. Er richtet sich nach dem Fang des Tages. Hat er schon genug oder fast genug und reicht die Zeit noch für viele Würfe, so ist er sicher kritischer und großzügiger. Ist aber der Fischfang schlecht und hat er keine großen Hoffnungen mehr, so muß er auch die kleineren behalten. Aber das weiß jeder Angler auch.

Nun kann ich mir vorstellen, daß ihm eine tolle Sache passiert. Er öffnet das Wurfnetz, blickt und greift hinein. Lauter kleine Fische. Aber dann rührt sich etwas in der Mitte. Eine kräftige Bewegung..., der Fischer wäre beinahe gestürzt. Er traut seinen Augen nicht: ein Riese unter den vielen Kleinen. Das ist ja der Fang seines Lebens! – Was wird er jetzt wohl tun? Wird er kleinlich sein und jeden Fisch zweimal, dreimal umdrehen und betrachten? Womöglich bricht ihm der Riese unterdessen aus dem Netz aus. Er könnte das ganze Zeug mit sich reißen! Nein, der *kluge* Fischer überlegt jetzt keine

Sekunde. Er kann es kaum aushalten, daß er noch immer im Wasser steht. Er wirft alle kleinen Fische fort ins Meer. Jetzt sind sie ihm alle miteinander völlig uninteressant. Seine Wahl hat er bereits getroffen; sie fiel ohne die geringste Qual der Wahl auf den Riesen. Er ist glücklich und läuft, den Fang seines Lebens den Leuten zu zeigen.

Und was geschah mit dem großen Fisch? Er wurde sicher verspeist. Aber was macht das schon aus? Denn ich suche mich in dieser Erzählung nicht unter den Fischen: Weder unter den kleinen bin ich, noch bin ich der große Fisch. Nein, *ich bin* eindeutig *der Fischer*. Ich *soll* der Fischer sein, der nun glücklich ist und die kleinen Fische leichten Herzens ins Wasser zurückwirft. Seitdem er den großen Fisch in seinem Netz hat, ist dieser Fisch der Mittelpunkt seines Lebens. Alles ist ihm uninteressant und gleichgültig geworden. Er verspürt nichts von Opfer oder Verzicht oder gar von Verlust, als er die kleinen Fische davonschwimmen sieht. Er ist einfach glücklich.

Ist es nicht genauso mit Gottes Reich? Ich bin nicht in diesem Reich, und es ist nicht in mir, wenn ich es nicht entdecke. Nur diese Entdeckung kann mein ganzes Leben ändern. Dieser Fang glückt mir nicht täglich. Er ist Gottes Geschenk. Aber vergessen darf ich ihn nie, den großen Fisch.

Die Aussage dieses Gleichnisses ist die *Freude*. Es erweckt in mir nur Freude und Hoffnung. Jesus sagt mir: Dieser große Fisch, von dem du träumst, ist Wirklichkeit. Und ich weiß nun, ich werde nur glücklich, wenn ich ihn fange.

Dieses Gleichnis ist Evangelium, ist frohe Botschaft, gute Nachricht. Aber ich hätte das Gleichnis im Matthäusevangelium nur kritisieren, die ursprüngliche Form jedoch niemals rekonstruieren können, hätte man nicht im Jahre 1945 oder 1946 das Gleichnis vom klugen Fischer in einem koptischen Buch (Thomas-Evangelium, Logion 8) entdeckt: „Und Jesus sprach: Der Mensch gleicht einem Fischer, einem klugen, der sein Netz warf ins Meer. Er zog es heraus aus dem Meer, voll kleiner Fische. In ihrer Mitte fand er einen großen guten Fisch, der kluge Fischer. Er warf alle kleinen Fische fort ins Meer. Er wählte den großen Fisch ohne Hemmung (= ohne viel zu überlegen). Wer Ohren hat zu hören, möge hören!"[7]

Das Wort ist Fleisch geworden und hat das *ganze* Schicksal alles Menschlichen auf sich genommen. Auch das Verborgen- und Verschollensein. Auch das Schicksal und die Niedrigkeit, nicht in dem wertvollsten Buch der Menschheit, sondern in einem vergessenen, verachteten Buch koptischer Halbchristen auf uns zu kommen. Dank sei dir, Jesus!

7

Gleichnis vom unbarmherzigen Knecht
Matthäus 18,21–35

Als Kinder wollten wir ohne Märchen nicht einschlafen. Als Erwachsene brauchen wir das Märchen zum Wachwerden oder um nicht allzuschnell einzuschlafen... Auf jeden Fall ist und bleibt der ideale Predigttext das Gleichnis.

Erzählungen sind erst wirklich interessant, wenn sie etwas hintergründig sind, wenn man über ihren Sinn nachdenken muß und sich aussprechen kann. Nach diesem Gesichtspunkt ist dieses Gleichnis Jesu keine gute Erzählung. Da ist so ziemlich alles klar.

Petrus stellt Jesus die Frage, wie oft wir unseren Mitmenschen verzeihen, wie oft wir ihnen ihre Schuld vergeben sollen. Soll ich etwa mir etwas von meinem Mitmenschen siebenmal gefallen lassen und siebenmal bereit sein, ihm zu verzeihen, aber dann ist das Maß voll, und vom achten Vergehen an beginnt meinerseits die Vergeltung? Petrus meint, siebenmal, das sei schon recht großzügig; Jesus erklärt „siebzigmal siebenmal" oder nach einer anderen Lesart „siebenundsiebzigmal", d.h. endlos, denn kein normaler Mensch wird so hohe Zahlen registrieren.

Der Evangelist schließt hier unsere Gleichniserzählung an, die also von uns die ständige Bereitschaft zu fordern scheint, unseren Mitmenschen zu verzeihen. Ein Nachdenken über die Erzählung wird uns kaum gegönnt. Der abschließende Vers 35 gibt ihren Sinn in einer Drohung an: So werde der himmlische Vater Jesu mich den Folterknechten übergeben, wenn ich meinem Mitmenschen nicht von Herzen verzeihe.

Mir leuchtet freilich nicht ein, wie mich Drohung und Angst vor der Strafe befähigen sollen, meinem Mitmenschen von Herzen zu vergeben. Mir scheint, daß ich dazu Liebe brauche, die durch keine Drohungen erzwungen werden kann. Auch fange ich an, daran zu zweifeln, daß die Gleichniserzählung mir klarmachen will, daß ich wiederholt, unzählige Male und unendlich verzeihen soll. Dazu ist die Schilderung eines einmaligen Falles nicht geeignet. Es fällt mir auch auf, daß die Erzählung nur von Geldschuld, von sofortiger Rückzahlung oder von Aufschub bzw. von vollständigem Schuldenerlaß redet. Ich bin nicht sicher, ob der Erzähler mit den Bildern aus dem Finanzleben überhaupt das Thema „Vergebung" anvisieren will.

Mein Vorschlag ist also, das Bild aus dem Rahmen herauszunehmen und die Gleichniserzählung ungeachtet ihres Verständnisses, das durch den Rahmen festgelegt wurde, unvoreingenommen, nur mit Hilfe ihrer eigenen Angaben, zu prüfen.

Die Erzählung ist ein kleines Drama, das deutlich aus drei Szenen besteht. Der Hauptakteur ist der Knecht, der in allen drei Szenen erscheint und eigentlich kein Knecht, sondern ein hoher königlicher Beamter ist. Darauf läßt die enorme Schuldsumme schließen: Zehntausend Talente machen einige Millionen Mark aus. Der Hofbeamte befindet sich offensichtlich bereits in Untersuchungshaft, denn es heißt: „Er wurde vor den König gebracht". Er konnte das vermutlich vergeudete oder verspekulierte Geld nicht zurückzahlen, und so fällte der König das für damalige Zeiten gewiß nicht ungerechte Urteil: Der Beamte, seine Frau und seine Kinder sollten als Sklaven verkauft und der ganze Familienbesitz zu Geld gemacht werden, um den König wenigstens teilweise zu entschädigen.

Das Urteil war gefällt. Doch der Verurteilte warf sich dem König zu Füßen und flehte ihn an: „Habe Geduld mit mir (eigentlich: Sei großherzig); ich werde dir alles bezahlen!" Er bat also nicht um Schuldenerlaß, sondern nur um Aufschub. Nun fällt ein wichtiges Wort: „Es *erbarmte sich* der Herr jenes Knechtes." Offenbar stellte sich der König vor, was das für ein Leben sein müßte, das nur dazu diente, diese immense Schuld abzutragen. Er verspürte Mitleid, faßte einen schnellen Entschluß, ließ den Schuldner frei und – das ist der springende Punkt – erließ ihm die ganze Schuld, genauer übersetzt: „das ganze Darlehen". Der Mann war sozusagen neugeboren.

Alles, was er hatte, gehörte nun wirklich ihm, er konnte ein ganz neues Leben führen. Ja, es hätte so sein können, noch mehr: es hätte so sein sollen. Aber die zweite Szene zeigt, daß er der Gnade unwürdig war und eines Neubeginns nicht fähig.

Kaum wieder in Freiheit, trifft er einen von seinen Kollegen, der ihm hundert Denare schuldet. Hundert Denare sind weniger als hundert Mark. Die Forderung, die unser Mann hat, macht einen sechshunderttausendsten Teil der Summe aus, die ihm großzügig geschenkt wurde. Man würde meinen, ihm könnte in seiner großen Freude diese Bagatelle gar nicht einfallen, und wenn doch, durch eine Art Assoziation, so würde er seinem Schuldner auf die Schulter klopfen und ihm fröhlich versichern, daß diese Schuld ein für allemal vergessen sei. Aber was geschieht wirklich? Unser Begnadigter packt seinen Kollegen, fängt an, ihn zu würgen und schreit: „Bezahle, was du schuldig bist!" Es wiederholt sich die Szene vor dem König. Der Schuldner wirft sich seinem Kollegen zu Füßen, wie jener sich dem König zu Füßen warf, und fleht mit den gleichen Worten: „Habe Geduld mit mir; ich werde es dir bezahlen!" Aber unser Mann geht darauf gar nicht ein und läßt seinen Kollegen ins Gefängnis werfen.

Eigentlich könnte die Erzählung damit enden. Vom ästhetischen Standpunkt aus gesehen sollte sie sogar hier enden. Die beiden Szenen haben auf sehr eindringliche Weise und unübertrefflich kunstvoll die zwei menschlichen Möglichkeiten deutlich gemacht, zwischen denen ich zu wählen habe. Ich kann, von Mitleid überwältigt, auf mein Recht verzichten, und ich kann auf mein Recht pochen und auf jedes menschliche Gefühl verzichten. Unser Mann tut dem anderen kein Unrecht an, wenn er auf die Schuldsumme nicht verzichtet, und dennoch erscheint er uns erbärmlich. Denn wie kann man ein so großes Wunder der Gnade und Güte erfahren, ohne von der Liebe und Großzügigkeit mitgerissen zu werden? Nach der zweiten Szene haben wir keinen Zweifel daran, daß unser Mann der wahren menschlichen Existenz unfähig ist; er bleibt verschlossen für all die menschlichen Werte, die in der Liebe wurzeln. Er ist unglücklich, von Gott abgewandt, hat Christus den Rücken gekehrt, ist fern von Gottes Reich.

Vielleicht war die dritte Szene für den antiken Menschen hilfreich. Der König macht, informiert über den Vorgang, den Schuldenerlaß rückgängig. Mir sagt diese dritte Szene nichts Neues, es wundert mich aber, wenn der König hier die erste Szene nicht wortgetreu wiedergibt, wenn er sagt: „Jene ganze Schuld habe ich dir erlassen, weil du mich gebeten hast" (Vers 32). In Wirklichkeit bat unser Mann den König keineswegs um Schuldenerlaß, sondern lediglich um Aufschub.

Wichtig ist die Feststellung, daß es Jesus in diesem Gleichnis nicht um die Vergebung geht, sondern um das Grundgesetz des Gottesreiches: Gnade und Liebe, Barmherzigkeit und verschwenderische Großzügigkeit... Das Recht wird nicht ausgeschlossen, aber mit den anderen Möglichkeiten kann es nicht konkurrieren.

Gottes Reich wird nicht an der Gerechtigkeit gemessen. Auch ich nicht. Gerechtigkeit ist mir – Gott sei Dank! – nicht widerfahren, sondern Gnade, Liebe und Barmherzigkeit. Mein Christentum und meine Glückseligkeit bestehen darin, daß ich, soweit ich es vermag, das weitergebe, was ich empfangen habe.

8

Gleichnis von den Arbeitern im Weinberg
Matthäus 20,1–16

Gibt es eine einzige Kirche in München, in der man sich für eine ganz kurze Zeit, für die Dauer eines Gottesdienstes, dem Zauber der Olympischen Spiele entziehen kann? Wäre es richtig und vernünftig, sie nicht einmal zu erwähnen, wo sie doch uns alle, Sportler und Nichtsportler, in diesen Tagen so intensiv beschäftigen? Auch wir wollen keine Ausnahme machen. Ich versuche, ein Bild von den Olympischen Spielen zu entwerfen, die in meiner Phantasie stattfinden.

Ein großer Wettbewerb ist zu Ende gegangen, und nun kommt es endlich zur Siegerehrung. Die drei Ersten stehen bereits erschöpft, aber dennoch strahlend hinter dem Siegerpodest, bereit, nach der Verkündung ihrer Leistung daraufzusteigen und mit Gold, Silber oder Bronze dekoriert zu werden. Aber es geschieht etwas völlig Unerwartetes, ganz Unbegreifliches. Die Ersten müssen noch warten und zuschauen, wie zuerst die Allerletzten geholt werden und jeder einzelne von ihnen eine Goldmedaille umgehängt bekommt. Dann ruft man die nächsten von hinten: Alle bekommen Gold. Eine lange Reihe, das Ende ist kaum abzusehen: ein wahrer olympischer Goldregen. Erst am Schluß kommen die Sieger daran, und auch sie bekommen ihre Medaillen. Silber und Bronze werden freilich nicht vergeben; die Ersten bekommen weder mehr noch weniger als die Allerletzten: je eine Goldmedaille. Da murrt der Inhaber des ersten Platzes, muß aber die Zurechtweisung von den Lippen der hohen Funktionäre vernehmen: „Freund, du hast genau das bekommen, was du mit deiner Leistung verdient hast; dem Besten steht Gold zu; nun: Du hast dein Gold, nimm es und verschwinde! Oder kannst du es schlecht ertragen, daß wir heute so gütig und außerordentlich großzügig sind?" – Es kam freilich zu einem olympischen Skandal, und die Spiele waren ernstlich gefährdet, bis man feierlich versprach, daß sich diese Großzügigkeit niemals wiederholen werde.

„Damit zurück ins Studio" bzw. zu unserem Gleichnis. Mit dieser Siegerehrung im Lande Utopia wollte ich nur zeigen, wie problematisch unser Gleichnis ist. Arbeit und Lohn, Leistung und Anerkennung müssen nach unserem gesunden Empfinden in einer eindeutigen Proportion stehen. Und das nicht nur in unserer modernen Leistungsgesellschaft. Auch die Tagesarbeiter in unserem Gleichnis protestieren, als sie sehen, daß die Stundenarbeiter ihnen völlig gleichgestellt werden. Und man fragt sich seit Jahrhunderten mit Recht, was dieses Gleichnis eigentlich soll.

Die älteste Auslegung, die wir kennen, stammt vom Evangelisten Matthäus selbst. Sie steht im Vers 16: „So werden die Letzten die Ersten und die Ersten die Letzten sein". Aber dieser „Wanderspruch" (vgl. Mt 19,30; Mk 10,31; Lk 13,30) kann den Sinn des Gleichnisses nicht treffen; er nimmt nur auf Vers 8 Bezug: Zuerst werden die Letzten ausgezahlt, dann die Ersten. Doch der springende Punkt im Gleichnis ist offenkundig nicht die Reihenfolge bei der Lohnauszahlung, sondern die Höhe des Lohnes, die gleich bleibt.

Der allererste Schritt zum Verständnis des Gleichnisses ist also die Abtrennung von Vers 16. Er hat mit unserem Gleichnis ursprünglich nichts zu tun. Auch in den Auslegungen der Kirchenväter wird er nicht berücksichtigt; sie beschränken sich sogar auf die ersten zehn Verse. Das Gleichnis lehre die Gleichheit der Verdienste und die Gleichheit des himmlischen Lohnes trotz verschiedener Situationen. Die früher und später berufenen Arbeiter verkörperten hier die verschiedenen Perioden der Heilsgeschichte: Adam, Noah, Abraham, Mose und die Apostel. Sie bekämen alle den gleichen Lohn. Oder es sollen die früher und später Berufenen das Verhältnis der Juden und Heiden im Gottesreich symbolisieren: Die Heiden traten zwar später ins Reich, sprich: Kirche, ein, seien aber den Juden von Gott völlig gleichgestellt worden. Solche heilsgeschichtlichen Betrachtungen sind Jesus aber ziemlich fremd. Sie entsprechen der Problematik späterer Zeiten.

Bisweilen versucht man, in dem Arbeitstag das Bild des

irdischen Lebens der einzelnen Christen zu entdecken: Die einen werden in ihrer Kindheit berufen, die anderen in ihrer Jugend, wieder andere erst in hohem Alter. Vor Gott seien sie jedoch völlig gleich.

Um die Gerechtigkeit Gottes zu retten, betonen viele Ausleger, daß die später Berufenen in der kurzen Zeit mehr Bereitschaft und Fleiß zeigten als die früher Berufenen und ebensoviel leisteten wie alle übrigen. Das Gleichnis sagt das freilich mit keinem Wort, und man könnte sogar fragen, warum der Herr diese Leute früh am Morgen am Arbeitsmarkt nicht antraf. Dazu kommt, daß alle diese Auslegungen den zweiten Teil des Gleichnisses, wo es zu einer Auseinandersetzung kommt, nicht berücksichtigen.

Dabei ist der zweite Teil, Verse 11–15, eindeutig der Höhepunkt des Gleichnisses, und in ihm ist die eigentliche Aussage zu suchen. Alles, was vorausgeht, mit allen seinen unwahrscheinlichen, unnatürlichen Zügen, dient nur zur Vorbereitung dieser ungemein realistischen und treffsicher entworfenen Szene: Ich bekomme genau das, was ich verdiene, was vereinbart wurde, was ganz und gar gerecht ist. Ich komme auf keine Weise zu kurz, es geschieht mir absolut kein Unrecht. Würden die anderen *weniger* bekommen, so würde ich fröhlich und glücklich mit meinem Lohn heimgehen, weil ich das habe, was ich verdient habe und was ich für mich und meine Familie brauche. Aber das *Recht* verwandelt sich in meinen Augen sofort in *Unrecht*, sobald ich sehe, daß andere nicht *kürzer* kommen als ich. Ich wäre mit meinem Los völlig einverstanden, hätten nicht andere, wie ich meine unverdienterweise, das *gleiche* Los. Nach meinem Gerechtigkeitsgefühl sollte es den anderen schlechter gehen als mir. Und da wird dieses Gerechtigkeitsgefühl fragwürdig.

Ich sprach von unwahrscheinlichen und unnatürlichen Zügen im ersten Teil der Gleichniserzählung. Das ist vor allem der fünfmalige Gang des Arbeitgebers zum Markt, um Arbeitskräfte zu holen: knapp nach Sonnenaufgang und dann alle drei Stunden (die Tageszeit wird nach antiker Zeitrechnung in zwölf Stunden eingeteilt) und schließlich noch eine Stunde vor Sonnenuntergang. Besonders dieser letzte Gang ist äußerst unnatürlich wie auch die Annahme, daß zu dieser Tageszeit noch Arbeitssuchende auf dem Markt zu finden sind. Unnatürlich ist auch der Zug, daß der Arbeitgeber der Lohnauszahlung beiwohnt und die Reihenfolge auf die geschilderte Weise bestimmt: zuerst die Letzten, dann die Ersten.

All dies schafft nur die Voraussetzungen für die große Szene, in der die Tagesarbeiter Zeugen der einseitigen Großzügigkeit des Arbeitgebers werden sollen. Die enttäuschte Hoffnung, *mehr* als den vereinbarten normalen Tageslohn zu bekommen, läßt sie das ihnen widerfahrene *Recht* als *Unrecht* empfinden. Aber was der Arbeitgeber hier tut, indem er Stundenarbeitern den vollen Tageslohn auszahlen läßt, ist auch unnatürlich, konstruiert und willkürlich und hat nur *einen* Zweck: die *Reaktion* des Menschen zu zeigen. Eine nur allzu natürliche und täglich in verschiedenen Situationen erlebte und beobachtete Reaktion, die aber Jesus mißfällt. Um diese unsere miserable Einstellung zu entlarven, diesen Hang, *unser* Recht zum Maßstab aller Dinge zu machen; unsere Neigung, in die Lohntüte des anderen zu gucken, auf das Los des anderen zu schielen und immer Vergleiche anzustellen; kurz: um den unbewußten Egoismus in uns *bewußt* zu machen, nimmt das Gleichnis die erwähnten unnatürlichen Züge in Kauf. Wer die Aussage des Gleichnisses in ihnen sucht, wie das meistens geschieht, befindet sich also auf dem Holzweg.

Das Gleichnis will nicht die *göttliche* Handlungsweise offenbaren, sondern *unser* wahres Gesicht zeigen. Es geht in ihm nicht um den irdischen oder himmlischen Lohn, der uns erwartet. Es wird nicht gelehrt, daß dieser Lohn gleich sein wird; ja nicht einmal das wird hier gelehrt, daß wir für unsere Taten überhaupt belohnt werden. Dieses Gleichnis wurde seit der Reformation zu Unrecht in den Mittelpunkt der konfessionellen Auseinandersetzungen gerückt. Ich möchte sogar bezweifeln, daß wir das Recht haben, in diesem seltsamen Arbeitsherrn den richtenden Gott zu erblicken.

Wie in manchen anderen Gleichnissen geht es hier um den *Menschen*, der sich erkennen und sich ändern soll. Und das hat dennoch mit dem Himmelreich, d.h. mit dem Gottesreich, nicht nur etwas, sondern sehr viel zu tun. Denn ich beginne, mich in diesem Reich zu befinden, wenn ich zu begreifen beginne, daß Glück und Wohl des anderen nicht mein Unglück und kein Unrecht mir gegenüber ist. Wenn ich dem anderen gönne, was ich selber bekomme und wodurch ich nicht ärmer werde. Wenn ich begreife, daß in unserer Welt nicht das starre Recht, sondern Gnade, Liebe, Güte und Freude am Erfolg des anderen regieren sollen. Wenn ich einzusehen beginne, daß letzten Endes alles nur Geschenk und Gnade ist, und ich Leben, Gesundheit, Erfolg und Glück nicht verdienen, sondern nur als Geschenk empfangen kann.

Die schönsten Szenen bei den Olympischen Spielen sind die, die den Zuschauer ahnen lassen, daß trotz des harten Kampfes, der da ausgetragen wird, die Sportler den Erfolg dem anderen gönnen, ja sich darüber freuen. Man sagt, das sei sportlich. Ich würde lieber sagen: Das ist christlich; das ist genau das, was Jesus mit seinem Gleichnis meint. Aber ich bin auch mit der Bezeichnung „sportlich" einverstanden. Dann aber sollten wir alle diesen Sport betreiben und an Olympischen Spielen in diesem Sinne teilnehmen. Auch dann, wenn diese Spiele bereits beendet sein werden.

9

Gleichnis von den beiden Söhnen
Matthäus 21,28–30

Am heutigen Silvesterabend werden viele Witze und viele geistreiche Geschichten erzählt. Die besten Witze sind freilich die, bei denen man über sich selbst lachen kann, weil man die eigene Verkehrtheit erkennt. Das Lachen befreit uns, vor allem von uns selbst. Deshalb ist das Lachen gesund. Jesus war ein fröhlicher Mensch, und ich kann mir vorstellen, daß auch er Witze erzählt hat. Überliefert sind von ihm nur kurze Erzählungen, über die man zwar nicht lachen, aber sich freuen kann. Es sind befreiende Geschichten. So auch die Kurzerzählung von den beiden Söhnen.

Vielleicht sind wir von ihr zunächst enttäuscht. Wir meinen: Eine so simple Geschichte vermag uns kaum etwas zu sagen. Zugegeben: Die Geschichte ist einfach, sogar mager. Aber vielleicht ist sie absichtlich so einfach, damit ich ihren Sinn nicht verfehle. „Wieso verfehlen?" fragen mich die Bibelkenner unter Ihnen. „Der Sinn steht ja im folgenden Vers, den Sie uns vorenthalten haben. Da wird klipp und klar die Frage gestellt: ‚Welcher unter den zweien hat des Vaters Willen getan?' Der zweite natürlich." „Eben", antworte ich. Das ist so selbstverständlich, daß man sich fragen muß, ob sich die Geschichte wirklich um diese Frage dreht. Der eine sagt „Ja" und tut nichts, der andere sagt zwar „Nein", tut aber doch, was sein Vater verlangt. Daß dieser den Willen seines Vaters tat und nicht der erste, das leuchtet sogar einem Kind ein. Und ich meine: Wenn die Geschichte nur auf diese Einsicht aus ist, ist sie überflüssig. Denn diese Einsicht ist bei uns unabhängig von der Geschichte da. Sonst könnten wir diese Geschichte gar nicht recht beurteilen. Mit anderen Worten: Die Erzählung will uns etwas anderes sagen, etwas Neues, was sich ohne eine Erzählung kaum sagen läßt. Oder sich zwar sagen läßt, aber auf so abstrakte und trockene Weise, daß es uns nicht bewegt.

Zwei Verhaltensweisen werden hier in aller Kürze geschildert. Aber die Möglichkeiten sind damit noch nicht erschöpft. Wir könnten diesem Vater noch zwei weitere Söhne geben. Sie würden sich auf folgende Weise verhalten: Der erste würde „Ja" sagen und hingehen, der zweite würde „Nein" sagen und dabei bleiben. Auch hier könnte man fragen, welcher von diesen beiden den Willen des Vaters tat. Die Antwort wäre sehr einfach. Aber eine andere Frage muß hier gestellt werden: Warum interessieren diese durchaus möglichen weiteren Söhne den Erzähler nicht? Offenbar deshalb, weil an ihnen nicht ersichtlich ist, worauf es ihm, dem Erzähler, allein ankommt. Die von uns erdichteten zwei Söhne haben eines gemeinsam: Sie handeln geradlinig, konsequent, ohne Bruch, ohne jede Änderung: Man bleibt bei seinem Ja oder Nein. Durch diese Gegenüberstellung wird uns klar, daß auch die beiden Söhne bei Jesus etwas Gemeinsames haben: *Bei beiden ist Inkonsequenz, Bruch oder Änderung festzustellen.* Sie bleiben nicht bei ihrem ursprünglichen Ja oder Nein.

Das bedeutet aber, daß Jesus den Menschen *in der Zeit* betrachtet, d.h. als etwas Unfertiges, nie Abgeschlossenes. Ich bin nicht einfach das, was ich gewesen bin, und ich werde nicht unbedingt das sein, was ich im Moment bin. *Mein wahres Ich läßt sich nur in der Dimension der Zeit erkennen.* Ich bin zusammengesetzt aus Vergangenheit, Gegenwart und Zukunft. Und ich bin mit keiner von diesen drei Erscheinungsformen meines Ichs ganz und unzertrennlich identisch: Meine Vergangenheit ist eben nur Vergangenheit, die durch meine Gegenwart überholt ist. Aber auch meine Gegenwart ist nicht mein endgültiges Ich: Sie wird von meiner Zukunft ebenfalls überholt, und zwar von einer Zukunft, für welche ich mich *in meinem Jetzt entscheide. Ich bin frei!*

In einer Erzählung gibt es freilich nur Vergangenheit, die aber ein zeitliches Nacheinander darstellt und sich vergegenwärtigen läßt. Am zweiten Sohn kann man das schön zeigen. „Nein, ich mag nicht." „*Später* aber besann er sich und *darauf* (könnte man ergänzen) ging er hin." Er besann sich über sein Nein, das eben in dieser Besinnung endgültig zur Vergangenheit wurde, und er entschied sich für eine andere Zukunft, für die Zukunft des Ja. Wenn wir also die Geschichte „synchronisieren" und in unser Jetzt hineinholen, wenn wir sie uns vergegenwärtigen und zu unserer eigenen Geschichte machen, so ist in ihr die Besinnung Gegenwart. „Ich habe Nein gesagt, *jetzt* besinne ich mich: Ich werde doch hingehen." Im Griechischen steht für die Besinnung ein plastischeres Wort: „er dachte um", „er änderte seinen Sinn". In Jesu Muttersprache stand dafür ein noch kräftigeres Wort: „er kehrte um". *Die Gegenwart ist immer die Zeit der Besinnung.* Jetzt soll ich über mein bisheriges Ich nachdenken, womöglich umdenken, meinen Sinn ändern, und damit auch meinen Weg; ich soll umkehren, eine Kurskorrektur vornehmen. „Du kannst das!" versichert mir Jesus durch seine Geschichte.

Auch der erste Sohn ändert sich. Auch er lebt in der Zeit, aber sein Sich-Ändern ist nicht das Ergebnis einer Besinnung, es ist kein Umdenken und keine Umkehr im positiven Sinne des Wortes. *Deshalb geht die Erzählung auf sein Jetzt gar nicht ein:* Sein Jetzt ist kein fruchtbares Jetzt. Er ist nur eine Negativfigur, die die andere Figur stärker hervortreten läßt. Beide leben in der Zeit, aber die eine nützt die Zeit, die andere läßt sich von ihr ausnützen; die eine kehrt um, die andere läßt sich vom Weg abbringen.

Der Erzählung wird eine Frage vorausgeschickt: „Was meint ihr?" Ich soll also die Erzählung als eine Frage an mich verstehen. Aber ich werde nicht über die Erzählung befragt, sondern über mich selbst. Ich soll nicht über die beiden Söhne eine Entscheidung treffen, sondern über mich selbst. Die Frage lautet: Wie steht es mit dir? Wo bist du in der Geschichte? Bist du der erste Sohn, der sich treiben läßt, oder der zweite, der seinen Weg prüft und sich bewußt entscheidet?

Ich muß mich verbessern. Die Frage lautet eigentlich nicht, in welcher Figur ich mich erkenne, sondern welche Figur ich sein will. Denn die Erzählung will mir gerade das sagen, daß ich frei bin, umkehren kann und soll, daß meine Vergangenheit mich nicht festhält und nicht beherrscht.

Es hat wohl wenig Sinn, hier einen langen Katalog unserer vielen Nein-Worte aufzustellen. Jeder von uns weiß am besten, worin sein großes Nein im vergangenen Jahr bestanden hat. Auf jeden Fall ist das Nein dort zu finden, wo ich mir bewußt bin, daß ich mich *anders* hätte verhalten sollen. Denn Gott redet zu uns durch unser Gewissen.

Wenn Jesus mir versichert, daß ich frei bin und eine *offene* Zukunft habe, meint er damit nicht meine menschlichen Möglichkeiten. Er meint die Hilfe, die mir angeboten wird. Ohne Gebet gibt es keine Umkehr in unserem Leben. Wir sollen Gott um seine Hilfe bitten, aber noch mehr darum, daß wir diese Hilfe auch annehmen.

Wir dürfen und sollen heute abend fröhlich sein. Unser Frohsinn ist ein Audruck des Glaubens. Gott gibt uns die Zeit und damit einen immer neuen Anfang. Wir danken ihm dafür.

10

Gleichnis von den anvertrauten Geldern

Matthäus 25,14–30 vgl. Lukas 19, 11–27

Unser Gleichnis ist im Verständnis des Evangelisten zweifellos ein Gerichtsgleichnis. Aber wir dürfen daran zweifeln, daß es dies von Haus aus war. Denn bei dem Versuch, die ursprüngliche Anlage des Gleichnisses wiederherzustellen, tritt der Gerichtsgedanke in keiner Weise in den Vordergrund. Das Gleichnis ist in beiden Fassungen, bei Matthäus und bei Lukas, zu lang, zu beladen mit unnötigen Einzelzügen, es entbehrt jeglicher Spannung; kurz: es ist zerredet. Den ursprünglichen Wortlaut können wir freilich nicht mehr rekonstruieren, aber wenn wir uns auf das Konstante und Invariable in beiden Erzählungen konzentrieren, bekommen wir ein Erzählgerüst, ein Schema, das uns mit einiger Sicherheit auf eine bestimmte Aussage schließen läßt. Nehmen wir noch die Gleichnisse mit ähnlichen Motiven dazu, die in der rabbinischen Literatur zahlreich zu finden sind, so wird unsere Operationsbasis dadurch noch beträchtlich erweitert. Diese Motive wollen selbstverständlich in ihren Funktionen gesehen werden, wenn wir Wesentliches und Nebensächliches, d. h. Konstitutives und Ausschmückendes, voneinander scheiden wollen. Und das müssen wir.

Das Grundmotiv unserer Erzählung ist zweifellos das *Reisemotiv*. Bei diesem Motiv ist es unwichtig, wer, aus welchem Grund, wohin und für wie lange Zeit verreist ist. Ebenfalls unwesentlich ist es, welche und wie viele Personen zurückgelassen werden. Wichtig ist nur, daß die Zurückgelassenen zum Verreisten in einem Abhängigkeitsverhältnis stehen: König und Untertanen, Herr und Sklaven oder Diener, Ehemann und Ehefrau. Was auch immer die angeführte Motivierung der Abreise sein mag, im Gleichnis hat sie nur *eine Funktion:* für die Zurückgelassenen eine Zeit der Bewährung zu schaffen. Die Abhängigen werden durch die Abwesenheit des Autoritätsträgers in eine Situation versetzt, in der sie Verantwortung übernehmen und Entscheidungen treffen müssen, die ihnen sonst abgenommen werden. *Gerade durch diese gesteigerte Inanspruchnahme wird ihr wahres Ich enthüllt: Sie können die Prüfung bestehen oder versagen.*

Die Rückkehr des Autoritätsträgers hat an sich nicht die Funktion eines Gerichtes, wenn sie auch zu einem solchen entarten kann. Nur insofern, als dem Hörer oder Leser der Erzählung geholfen werden soll, sich über das Verhalten der Abhängigen ein Urteil zu bilden, wird vom Zurückgekehrten Lob und Tadel oder Lohn und Strafe zugeteilt. In solchen Fällen soll der Adressat des Gleichnisses über das Urteil des Autoritätsträgers nachdenken und in diesem auch eine an ihn gerichtete Forderung erkennen. Durch die erzählerische Art ist diese Forderung sympathischer, einladender und wirksamer als ein bloßes „Du sollst".

Aber die „Urteilsverkündung" kann auch völlig fehlen, wenn der durch das Gleichnis Angesprochene in seinem Urteil nicht fehlgehen kann. Gerade ein solch „unvollendetes" Gleichnis bildet in der rabbinischen Literatur eine ganz nahe Parallele zu unserem Gleichnis. Zu dem Hohenliedvers 7,14 „An unsrer Tür sind lauter edle Früchte" steht in einer jüdischen Auslegung vom Anfang des dritten Jahrhunderts: „Gleich einem frommen Weibe, deren Mann ihr wenig zurückgelassen hatte; sie teilte es aber ein und machte wenig Ausgaben. Als er zurückkehrte, sprach sie zu ihm: Siehe, was du mir zurückgelassen und was ich dir gesammelt und wie ich es noch vermehrt habe!"[8] Daß der Gatte sich freut und die Gattin sich freut, daß sie sich beide zusammen freuen, braucht nicht gesagt zu werden. Und niemand wird bezweifeln, daß das Motiv der Gattin die Liebe ist und daß das Gleichnis zur gegenseitigen Gattenliebe mahnt. In anderen Gleichnissen steht die Treue und Beharrlichkeit der Gattin oder die Treue und der Gehorsam der Knechte oder Pächter im Vordergrund.

So kann man in der Auslegung unseres Gleichnisses manches großzügig übergehen. Ob der Autoritätsträger ein reicher Mann ist, der auf Geschäftsreisen geht, oder ein Edler, der die Königswürde sucht, ist wenig interessant. Ob er Talente (5000 Goldmark) oder Minen (85 Goldmark) verteilt, unter zehn oder nur unter drei Knechten, ob jedem den gleichen Anteil oder nach den Fähigkeiten der einzelnen abgestuft, das alles spielt keine große Rolle. Wichtig ist einzig und allein, daß uns *zwei Möglichkeiten* aufgezeigt werden. Man kann der Erwartung des Herrn dadurch entsprechen wollen, daß man das Erhaltene einfach zu bewahren sucht, aber auch dadurch, daß man es nach Kräften vermehrt. Sollte der Zuhörer bzw. Leser von sich aus nicht entscheiden können, welches Verhalten richtig ist, so zeigt es ihm die Reaktion des Herrn auf eindrucksvolle Weise. Dabei ist es wieder nicht allzu wesentlich, wie die Worte des Lobes oder Tadels lauten und was als Belohnung (Geld, Städte, höhere Verantwortung, Teilnahme am Freudenmahl) verteilt und welche Strafe (Zurücknahme des Geldes, Verstoßung und Ausschluß von der Teilnahme am Freudenfest) verhängt wird. Das sind fast durchweg allegorische und sekundäre Elemente.

Nur eine Einzelheit, die wir bei Matthäus und Lukas ganz *gleichlautend* lesen, scheint im Gleichnis eine wichtige Rolle zu spielen. Ich meine die ehrliche und überzeugende Erklärung des Knechtes, warum er das Geld vergraben bzw. in seinem Schweißtuch versteckt habe: *Aus Angst* vor seinem gestrengen und habsüchtigen Herrn. Er habe jedes Risiko vermeiden und die Summe lieber unversehrt und unvermehrt als durch einen geschäftlichen Fehlschlag vermindert zurückgeben wollen. *Aus Angst.* Der Herr bestätigt in keiner Weise, daß er gestreng und habsüchtig sei, weist nur auf den *logischen Fehler* seines Knechtes hin: Gerade der Knecht eines überaus strengen und habsüchtigen Herrn könne es sich nicht leisten, risikolos zu handeln. Er solle eben nichts unversucht lassen, seinen unersättlichen Herrn zu befriedigen, *auch auf die Gefahr hin, dabei die eigene Existenz zu verlieren.*

Das Gleichnis will zeigen, daß Angst und Furcht unfrei machen, uns die Handlungsfähigkeit nehmen und letzten Endes zum Existenzverlust führen. Man wird an das Jesuswort erinnert: „Wer sein Leben erhalten will, der wird's verlieren; und wer sein Leben verliert, der wird's erhalten" (Mk 8,35).

Der Sklave scheint vergessen zu haben, daß sein Herr für die Zeit seiner Abwesenheit von ihm genau das erwartete, was einem knechtischen Geist am schwersten fällt: freie Entscheidungen, ein Handeln, das nicht nur in gehorsamer Ausführung konkreter Befehle, Vorschriften und Gebote besteht. Freilich bedeutet diese höhere Art Gehorsam, wenn er Gehorsam bleiben soll, eine wesentlich engere und tiefere Bindung zum Herrn als der herkömmliche Gehorsamsbegriff. Er setzt eine *Identifikation* mit den Interessen, Wünschen und Absichten des Herrn voraus, ein Sichhineinversetzen in das Ich des Herrn, ohne das eigene Ich zu verlieren. Aber dazu ist nur die *Liebe* fähig: *Der freie Gehorsam ist Gehorsam in der Liebe.* Nur die Liebe befreit auch die Phantasie, die mir zeigt, welch sonderbare Wege mein Gehorsam unter Umständen gehen soll. *Unserem Mann fehlt das Urvertrauen, der Glaube, die Liebe und die Hoffnung, die Zuversicht und die innere Freiheit. Also all das, was unsere Existenz im Gottesreich ausmacht.*

Im Kontrast zu diesem Außenstehenden leuchten die anderen Figuren des Gleichnisses auf und bekommen Farbe und Leben. Sie dürfen in die Freude des Herrn eingehen, weil sie Söhne des Reiches sind. Das Gleichnis ist, ohne ausdrücklich so bezeichnet zu sein, ein Gottesreichgleichnis. Das überrascht uns nicht, denn alle echten Gleichnisse Jesu ebnen uns den Weg und bewegen unsere Schritte ins Reich Gottes.

Darum halte ich die Frage der Ausleger, gegen welche Gruppe Jesus dieses Gleichnis gesprochen haben mag, für verfehlt. Zugegeben: Die Haltung unseres Mannes entspricht ziemlich genau der der Pharisäer. Aber in uns allen steckt die Neigung, in Angst und ohne Risiken das Heil zu suchen, nach Sicherungen Ausschau zu halten, phantasielos und in langweiligem Gleichschritt zu marschieren, ohne vorwärtszukommen und vorwärtskommen zu wollen, das Vorhandene zu konservieren und unser Leben in religiösem Trott zu verbringen. Das Gleichnis will uns zur Kreativität ermuntern und uns etwas von der Freude und Überraschung der Leute verspüren lassen, die ihrem Herrn melden können: „Herr, du hast mir fünf Talente anvertraut; siehe da, ich habe damit andere fünf Talente gewonnen!"

Die Predigt Jesu richtet sich niemals nur *gegen* etwas und *gegen* jemanden. Jesu Predigt sucht uns alle, Jesus klopft an unsere Herzen. Machen wir ihm auf! Mit ihm kommt Freiheit, kommt Hoffnung, kommt Mut zum Leben in uns. Wir haben alle Talente anvertraut bekommen und sind dadurch mit Verantwortung beladen. Aber im *Wagnis des Glaubens* leiden wir unter der Last der Veranwortung nicht. Sein Joch ist sanft, und seine Last ist leicht (Mt 11,30).

11

Gleichnis vom barmherzigen Samariter
Lukas 10,25–37

Irgendwo habe ich die Anekdote von dem Pfarrer gelesen, der die kürzeste Predigt der Weltgeschichte fertiggebracht haben soll. Sein Thema war, so die Anekdote, der barmherzige Samariter, und die Predigt lautete etwa so: „Liebe Gemeinde! Man möchte gerne wissen, wer dieser barmherzige Samariter war. Ich weiß es auch nicht; aber eines weiß ich ganz genau: Aus *meiner* Gemeinde war er nicht. Amen."

Nun, ich möchte diesem Pfarrer nacheifern, aber ganz so kurz läßt sich der Text doch nicht behandeln. Denn die Frage ist falsch gestellt: Wir brauchen ebensowenig zu wissen, wer der Samariter war, wie uns die Frage bewegt, wer der Priester und wer der Levit war. Offenbar handelt es sich um eine fiktive Erzählung, die mit typischen Figuren arbeitet. Sie sind nur als Typen interessant und ihre Persönlichkeit trägt zu der Geschichte nichts bei. Diese ist ganz auf die Typen und ihr typisches Verhalten angelegt, und das einzige, was uns interessiert, ist die Frage: Was wollte Jesus mit dieser Erzählung seinen Zuhörern sagen, und was will er uns heute damit sagen?

Die Rahmenerzählung mit dem Schriftgelehrten möchte ich dabei außer acht lassen. Nicht nur aus Zeitgründen, sondern weil sie mit dem Gleichnis ursprünglich kaum verbunden war und zu seinem Verständnis nicht viel beiträgt. Sie ist im Grunde eine abgewandelte Fassung des Lehrstücks vom größten Gebot, das Lukas aus eben diesem Grund nicht bringt. Wir können uns also getrost auf die Gleichniserzählung selbst konzentrieren.

Um den springenden Punkt des Gleichnisses klar hervortreten zu lassen, bringe ich zunächst eine Nacherzählung, die fast genau vor zehn Jahren entstanden ist. Die Aufgabe meiner Schüler war es, die Erzählung Jesu in unsere Zeit zu transponieren. Der eine Versuch lautete so: „Ein Mann fuhr von

Hamburg nach München. Infolge starker Ermüdung verlor er die Herrschaft über seinen Wagen und steuerte ihn gegen einen Baum. Er wurde aus dem Wagen geschleudert und lag halbtot im Straßengraben. Da fuhr ein Autofahrer vorbei; er sah den Verunglückten und gab Gas. Es kam ein zweiter vorbeigefahren, aber auch er fuhr weiter, denn er wollte keine Zeit verlieren. Endlich kam ein dritter. Er hielt, leistete Erste Hilfe, ließ Rettung und Polizei verständigen und fuhr erst weiter, als bereits alles geregelt war. Auf dem Rückweg besuchte er noch den Verunglückten im Krankenhaus mit einem schönen Blumenstrauß."

Soweit die moderne Nacherzählung. Nett finde ich den letzten Satz mit den Blumen. Der Schüler hat etwas Wichtiges sicherlich begriffen: Ich soll mich so verhalten wie der dritte. Auch ist seine Erzählung ganz ähnlich aufgebaut wie das Gleichnis Jesu. Aber sie sagt nicht mehr aus, als die Worte selbst aussagen. Eine alltägliche Erfahrung, die glücklicherweise nur im Zahlenverhältnis nicht stimmt: Es ist sicherlich nicht nur jeder dritte bereit, Erste Hilfe zu leisten.

Wir merken: Jesu Gleichnis sagt viel mehr, als die bloßen Worte sagen. Es ist eben deshalb ein echtes Gleichnis und nicht nur eine Beispielerzählung mit dem üblichen Schluß: Handle ähnlich! Woran liegt das? Offenbar daran, daß die drei, die dem Verunglückten begegnen, näher charakterisiert werden: Der erste war ein Priester, der zweite ein Levit und der dritte ein Samariter. Daß diese Angaben für das Gleichnis wichtig sind, das hat mein Schüler entweder nicht bemerkt, oder er konnte es in unseren Alltag nicht übersetzen. So kam eine nette, versöhnliche kleine Erzählung zustande, während Jesu Erzählung eine schockierende ist.

Je mehr ich mich in die rabbinische Literatur, in Talmud und Midraschim, vertiefe, um so mehr wundere ich mich, daß die Rahmenerzählung bei Lukas (Verse 36–37) so harmlos und friedlich ausklingt. Wie konnten die jüdischen Zuhörer diese Verherrlichung eines Samariters durch Jesus und die rücksichtslose Entlarvung des Priesters und des Leviten wortlos hinnehmen? Kennt man den Haß und die maßlose Verachtung, die die Juden den Samaritern entgegenbrachten, so würde man sich nicht wundern, wenn die Erzählung ähnlich schlösse wie die Szene von der Antrittspredigt Jesu in Nazareth (Lk 4), in der Jesus betont, daß Elia nicht zu einer Witwe in Israel, sondern zu einer sidonischen, heidnischen Witwe zur Verpflegung gesandt und von den vielen Aussätzigen in Israel zu Zeiten des Propheten Elisa kein einziger gereinigt wurde, wohl aber der Heide Naeman aus Syrien. Als Reaktion der Zuhörer auf diese Predigt Jesu weiß Lukas zu berichten, daß die Bewohner von Nazareth den Prediger voll Zorn töten wollten (Lk 4,28ff.). Dabei haßten die Juden die Samariter noch mehr als die Heiden.

Zum Verständnis des Gleichnisses ist es also von größter Wichtigkeit, den maßlosen Haß, der zwischen den beiden völkischen Gruppen, Juden und Samaritern, herrschte, zu vergegenwärtigen. Die Juden betrachteten die Samariter als eine heidnische Blutmischung, als Hurensöhne und Bastarde. Zwischen ihnen und Juden konnte keine gültige Ehe bestehen; nicht einmal ihre Trinkgefäße durften von den Lippen eines Juden berührt werden. Obwohl die Samariter Anhänger des mosaischen Gesetzes waren, waren sie aus der Kultgemeinschaft ausgeschlossen.

Es ist erschütternd, im Babylonischen Talmud die Diskussionen zu lesen, die den Umgang mit ihnen behandeln.[9] Dieser Umgang ist von Verachtung und Mißtrauen bestimmt. Man streitet z.B. über das Problem, was geschehen solle, wenn es in einer Stadt keinen jüdischen, sondern nur einen aramäischen, d.h. heidnischen, und einen samaritanischen Arzt gebe. Durch welchen solle man sein Vieh oder sich selbst heilen, durch welchen seinen Sohn beschneiden lassen? Viele Autoritäten entscheiden die Frage für den heidnischen Arzt, weil der Samariter, selbstverständlich absichtlich, die Harnröhre durchschneiden könnte. Nicht einmal eine schwere Wunde, die sogar an einem Sabbat versorgt werden darf, soll man von einem samaritanischen Arzt behandeln lassen. Die Beispiele ließen sich beliebig vermehren. Kurzum: Von einem Samariter erwartet man nichts Gutes, nur Böses. Darum tut man ihm auch nichts Gutes. Im Gegenteil, wenn möglich, Böses. Wenn er in eine Grube fällt, deckt man die Grube mit

einem Stein zu und sagt zu ihm: Ich will mein Vieh hinüber-
führen. Befindet sich in der Grube eine Leiter, so nehme man
sie weg und sage: Ich will meinen Sohn vom Dach herabholen.
Wenn aber ein Vieh in die Grube fällt, so holt man es sogar am
Sabbat heraus oder versorgt es, bis der Sabbat vorübergegan-
gen ist. Ein Samariter ist weniger wert als ein Stück Vieh.

Vor diesem Hintergrund des Hasses bekommt das Gleichnis Jesu ein neues Licht. Dieser Samariter tut das, was ein Jude
ihm nie zutrauen und nie selbst tun würde. Er fragt nicht nach
Rasse oder Kultgemeinschaft, vergißt alles Trennende, sieht
nur den Menschen, der Hilfe braucht, für den *er*, gerade *er* der
Nächste, der Gefährte, der Mitmensch ist. Und damit erfüllt
er das ganze Gesetz, weil er das größte Gebot ernst nimmt. In
dieser Hinsicht trifft die Rahmenerzählung des Lukas zweifellos das Richtige.

Das Gleichnis fordert nicht einfach die Taten der Barmherzigkeit, sondern die Überwindung jeglicher Diskriminierung.
Das tut es durch das Beispiel eines Diskriminierten, der seinerseits nicht gewillt ist, sich in die übliche Rolle des Diskriminierten drängen zu lassen. Wäre das direkte Thema des
Gleichnisses die Barmherzigkeit, so wäre die Einführung des
Samariters nicht motiviert. Jeder beliebige Dritte hätte barm-
herzig sein können, wie in der Nacherzählung meines Schülers. Daß die beiden Negativfiguren, Priester und Levit, Kult-
diener sind, sollte uns nicht dazu verleiten, mit einem katholi-
schen Ausleger[10] die Spitze des Gleichnisses darin zu erblik-
ken, daß die tätige Liebe jeder Kulthandlung überlegen ist.
Zwar ist dieser Gedanke Jesu nicht fremd, aber auch für diese
Aussage wäre die Einführung eines Samariters nicht genügend motiviert. In diesem Fall käme das Gleichnis mit folgenden drei Figuren besser aus: ein Priester, ein Levit und ein
gewöhnlicher Israelit, d. h. ein Laie.

Es ist anzunehmen, daß die beiden Negativfiguren hier gar
nicht in ihrer Eigenschaft als Kultträger erscheinen, sondern
als elitäre Repräsentanten des Judentums, die aufgrund ihres
Standes über den Verdacht jeglicher Blutmischung erhaben
waren. Die Zulassung zum Priesteramt oder zum Levitenamt
ersetzte jeden Stammbaum. Eine Unmasse von Vorschriften

regelte die Priesterehe und die daraus hervorgehende Nach-kommenschaft: Noch mehr Jude als Priester oder Levit konnte man gar nicht sein. In ihnen versagt nun nicht nur der Kult, sondern und vor allem ein Volk und eine Religion, in denen die Diskriminierung von allem, was außerhalb war, aber auch von vielem innerhalb, zu einem System ausgebaut worden war. Bewährt hat sich hingegen der Prototyp des Dis-kriminierten, der Samariter, der im christlichen Verständnis leider lediglich zum Prototyp der Barmherzigkeit geworden ist.

Eine Übersetzung des Gleichnisses in unsere Sprache ist nicht leicht, aber auch nicht unmöglich. Sie soll der jeweiligen Situation Rechnung tragen. In Südafrika würde Jesus heute nicht von einem Samariter, sondern von einem verachteten Schwarzen reden. In der Bundesrepublik vielleicht von einem Gastarbeiter. In unseren Nachbarländern, wenigstens, was die Massenmedien betrifft, vom häßlichen Deutschen, im Deutschland des Dritten Reiches ohne Zweifel von einem Juden, der einem Arier hilft, an dem seine Mitarier seelenruhig vorbeigehen.

Aber wir diskriminieren nicht nur als Gruppe andere Gruppen, sondern auch als einzelne einzelne Menschen. Jeder von uns hat Mitmenschen, die er mehr oder weniger verachtet, denen er nichts Gutes zutraut. Dabei könnten sie sich als barmherzige Samariter entpuppen. Auch ich könnte verachtet und geringgeschätzt sein. Wäre das nicht im Sinne des Gleich-nisses ein Grund, mein besseres Ich zu zeigen, vor allem jenen gegenüber, die mich schon abgeschrieben haben?

12

Gleichnis vom bittenden Freund
Lukas 11,5 – 8

Wenn in der Schule nicht mehr gebetet wird, ist das vielleicht
sinnvoll. Wenn man auch im Religionsunterricht aufs Gebet
verzichtet, so läßt sich das noch immer begründen; denn es
geht um ein Unterrichtsfach, folglich um die Vermittlung
eines Wissensstoffes, kurz: um Information. Anders ist es,
wenn das Gebet in der Konfirmandenstunde von den Konfirmanden entschieden abgelehnt wird; nicht am Anfang des
Konfirmandenjahres – das wäre kaum tragisch –, sondern
gegen Schluß, knapp vor der Konfirmation. Das würde heißen, – wenn es vorkäme! –, daß diese Konfirmanden Christentum, Glauben, Kirche und christliches Leben, also all das,
wozu sie in der Konfirmation ihr Ja sprechen werden, überhaupt nicht kennen.

Einem, der nicht radfahren kann, kann ich kaum begreif-
lich machen, was das für ein Gefühl ist, völlig unreflektiert
und unbewußt das Gleichgewicht zu halten. Denn radfahren
können bedeutet gerade das, daß man alles instinktiv macht
und mit den Schwierigkeiten – im Gegensatz zu dem, der lernt
– gar nicht konfrontiert wird. Der Nichtschwimmer wird
auch erst richtig begreifen, was schwimmen heißt, wenn er das
erste Mal wirklich schwimmt, sich ohne fremde Hilfe an der
Oberfläche hält und *die* Richtung einschlägt, die er sich vorge-
nommen hat, oder – wenn er eben will – im Wasser steht, oder
regungslos auf dem Wasser schwebt.

Kurz: Es gibt Dinge, über die man sinnvoll nur reden kann,
wenn man sie zugleich tut, oder wenigstens einmal im Leben
getan hat. Ich weiß noch genau, wann ich das erste Mal ohne
Ach und Krach mit Vaters Fahrrad dahingerollt bin, wann ich
das erste Mal den Bach schwimmend überquert habe, ohne
daß die Älteren mich danach am Ufer auf den Kopf stellen
mußten... Aber ich kann nicht sagen, wann ich das erste Mal

gebetet habe. Ich meine nicht die Gebete, die ich im Gitterbett und auch noch später meinen Eltern nachzusprechen versuchte, auch nicht jenes Beten, das ich später auf Kommando mühelos und manchmal mit kindlichem Stolz produziert habe. Natürlich war das auch ein Beten... Trotzdem habe ich Bedenken, wenn ich als Theologe vom Beten rede, meine Kindheitserinnerungen heranzuziehen. Andererseits habe ich das ganz sichere Gefühl, daß jenes Beten im Gitterbett und jenes Beten etwas später ein echtes Beten war, ja, daß es etwas in sich hatte, was mit der Zeit fast verlorengegangen ist, manchmal problematisch wurde und so richtig nur selten funktionieren wollte. Und mir scheint, daß dieses zerbrechliche Etwas das Allerwichtigste und Allerwesentlichste war und ist. So wichtig, daß ich vom Gebet sinnvoll gar nicht reden kann, ohne dieses Etwas beim Namen zu nennen. Wenn ich freilich einen Namen dafür finde. Mir scheint, das Gleichnis Jesu bei Lukas könnte uns dabei helfen, mehr noch: es möchte uns helfen. Aber wir verstehen seine Sprache nur, wenn wir schon gebetet haben und wenn wir bereit sind, mitzugehen und uns durch das Bild sagen zu lassen, was dieses gewisse Etwas ist.

Das Verständnis des Gleichnisses wird dadurch ungemein erschwert, daß uns der erdachte Fall in Frageform geboten wird. In der Lutherübersetzung ist es nicht leicht festzustellen, worauf die Frage eigentlich hinauswill. Ich fürchte, daß dies Luther genausowenig klar war wie den alten Übersetzern überhaupt; ich fürchte sogar, daß Luther die Spitze der Frage verfehlt und infolgedessen eine zweideutige Wendung in Vers 8 falsch übersetzt hat. Daher mein Versuch, die Frage vom Anfang des Gleichnisses zu entfernen und dorthin zu verlegen, wo die fragliche Sache ist, nämlich in Vers 7.

Die Verse 5–7 lauten dann etwa so:

(5) Und Jesus sprach zu ihnen: (Stellt euch folgenden Fall vor:) Jemand von euch geht um Mitternacht zu seinem Freund und sagt zu ihm: „Mein Freund, leih mir bitte drei Brotfladen; (6) denn ein Freund von mir ist auf der Durchreise (plötzlich) bei mir erschienen und ich habe nichts, was ich ihm vorlegen kann!" (7) Meint ihr, jener werde von

drinnen etwa so antworten: „Laß mich in Ruhe! Die Tür ist
schon verriegelt, und meine Kinder liegen mit mir bereits im
Bett; ich kann jetzt nicht aufstehen und dich bedienen!"?
Der Zuhörer wird in das Gleichnisgeschehen miteinbezo-
gen: Er soll sich einen Fall vorstellen, in dem er die handelnde
Person ist. Er befindet sich in einer peinlichen Situation, in
einer echten Notlage: Ein Gastfreund ist bei ihm auf der
Durchreise unvorhergesehen eingekehrt. Im Sinne der Gast-
freundschaft soll er Herberge und trotz der späten Stunde ein
Nachtmahl bekommen. Unglücklicherweise ist das Brot aus-
gegangen; erst in der Frühe wird wieder Brot gebacken. Die
Frage des Erzählers interessiert sich nun nicht dafür, was der
Gastgeber zu tun gedenkt. Denn es ist völlig klar: Er wird
Brot auftreiben. Er geht trotz der nächtlichen Stunde zu seinem Freund in der Nähe und trägt seine Bitte um drei Brotfladen vor der Tür stehend höflich und mit Begründung, d. h. mit
der Schilderung der Situation, vor. So weit ist alles fraglos
sicher und vom Erzähler vorgesehen. Fraglich ist die Reaktion
des um Hilfe angegangenen Freundes. Wie wird er reagieren?
Wird seine Freundschaft sich jetzt auch wirklich bewähren?
Ja, das ist eine echte Frage; es ist eine so schwierige und
zugleich unwichtige Frage, daß der Erzähler sie offenläßt und
sehr energisch nur das betont, was der Bittende zu erwarten
hat: *„Ich sage euch:* Er wird aufstehen." Wenn schon nicht aus
Freundschaft, also aus einem edlen, uneigennützigen Motiv,
so doch aus einem Beweggrund, der seine Wirkung niemals
verfehlt und bei jedem Menschen anzunehmen ist.

Was ist dieser weniger edle Beweggrund? Ich gebe zu, daß
die griechische Wendung unklar ist und ihr Sinn nur durch
den logischen Zusammenhang eindeutig geklärt werden
kann. In der revidierten Lutherbibel heißt es: „um seines
unverschämten Drängens willen"; Luther selber hat noch
übersetzt: „umb seines unverschampten Geilens willen." Ist
diese Übersetzung richtig, dann ist in Vers 7 das *tatsächliche*
Verhalten des um Hilfe gebetenen Mannes geschildert: Er
weist den Freund ziemlich barsch zurück. Das tut er mit
Begründungen, die einerseits bekannt, andrerseits nicht über-
zeugend sind. „Die Tür ist schon zugeschlossen" und „meine

Kindlein sind bei mir in der Kammer oder im Bett". Das sind Tatsachen, die der bittende Freund zu dieser späten Stunde als selbstverständlich voraussetzt. „Ich kann nicht aufstehen": Das ist hingegen eine Ausrede, die man einem Freund nicht abnehmen kann. Das Können kann nicht bezweifelt werden.

Es bleiben noch zwei weitere Ungereimtheiten. Die erste: Wenn der Mann so reagiert und der Bittende so unverschämt drängen muß, um sein Ziel zu erreichen, dann bleibt restlos ungeklärt, warum die Erzählung in Frageform gesetzt ist, was da eigentlich noch Gegenstand einer Frage sein kann.

Wenn auch diese Ungereimtheit für den Philologen ausreicht, kommt für den Theologen eine zweite und noch schwerwiegendere hinzu: der Sinn des Gleichnisses. Daß es um das Bittgebet geht, braucht nicht gesagt zu werden. Aber was will mir das Gleichnis über das Bittgebet nahelegen? Offenbar dies: Ich komme bei Gott immer zu meinem Ziel, vorausgesetzt, daß ich unverschämt genug ihn bedränge, daß ich nicht aufgebe, sondern ihn beharrlich um das gleiche Geschenk anflehe.

Wir haben immer wieder diese Auslegung gehört oder gelesen, und ich muß annehmen, daß wir keine andere kennen. Ich gestehe, daß ich diese Auslegung und diesen Sinn *nur ablehnen* kann, weil da der Sinn des Gebetes in sein Gegenteil verkehrt wird. Beten heißt, sich und die Seinen in Gottes Hand legen, und das ist unmöglich, wenn mein Wille bewußt den konträren Weg geht, wenn ich eine Kampfsituation schaffe, aus der ich siegreich hervorzugehen hoffe. Zugegeben: Im Alten Testament begegnen wir den Spuren dieser primitiven Theologie (etwa in der Erzählung vom nächtlichen Kampf Jakobs). Aber ich könnte einen Gott, der sich meinem Willen unterwirft, nicht mehr anbeten. Ich wüßte auch nicht, was das heißen sollte, an einen solchen Gott zu glauben.

Das Motiv des Erhörens im Gleichnis wird offengelassen: wenn nicht die Freundschaft allein, d. h. die Liebe zum anderen, so doch wenigstens die Liebe zu sich selbst, d. h. der Wunsch, sein Gesicht, seinen guten Ruf, den äußeren Schein zu wahren. Der griechische Ausdruck ist sehr prägnant; vom Drängen lesen wir da nichts. Die wortwörtliche Übersetzung

„wegen seiner Unverschämtheit, Schamlosigkeit, Schande, Ehrlosigkeit" usw. läßt die Frage offen, welche Person es ist, die ihre Ehre oder Reputation verlieren könnte, die eine Schande vermeiden und nicht als unverschämt dastehen möchte. Der Zusammenhang zeigt, daß diese Person der Freund wäre, der seinen in Not geratenen Freund mit den wirklich läppischen Begründungen von Vers 7 abweisen würde. Das tut er auf gar keinen Fall, versichert uns der Erzähler. Die Freundschaft würde er durch sein Zögern verletzen und auch den Schein des Anstandes verlieren, wenn er nicht ohne Einwände sofort aufstünde, um *alles* zu geben, was der Bittende braucht. Und genau das soll durch die Frageform dieses Gleichnisses in mir ganz bewußt gemacht werden. Kannst du dir vorstellen, daß er dich zurückweist; daß er dich mit diesen ganz bösen und dummen Worten abweist: „Laß mich in Ruh! Die Tür ist schon verriegelt usw.... Ich kann nicht..."? Unmöglich! Das kann nicht vorkommen! In Palästina wäre das zu Jesu Zeit tatsächlich undenkbar gewesen. Ich übersetze deshalb Vers 8 so:

(8) Ich sage euch: Selbst wenn er nicht aus purer Freundschaft aufsteht und ihm das Gewünschte gibt, so steht er doch auf und gibt ihm alles, was er nur braucht, um sich nicht als ein Mann ohne Anstand zu erweisen.

Das Gleichnis will mir zeigen, mit welcher Selbstverständlichkeit ich mich in bestimmten Notlagen an bestimmte Menschen wende, ohne die geringste Angst, zurückgewiesen werden zu können. Wenn ich das bedenke, erscheint mir mein Verhalten Gott gegenüber als total verkehrt. Mein Verhalten, wenn ich mich nicht mit dem gleichen Vertrauen, mit der gleichen Zuversicht und Gewißheit an ihn wende in allen meinen Nöten. Und das ist das Gebet. Das Gebet besteht gerade darin, daß ich mich mit meinen Nöten, Ängsten und Hoffnungen vor Gott begebe, ja noch mehr: daß ich ihn wie einen Vater umarme und mich mit ihm einig weiß.

Beten ist eine innere Bewegung, die für mich große Ähnlichkeit hat mit der Bewegung, mit der ich mich auf mein Fahrrad schwinge, oder mit der Bewegung, mit der ich mich auf der strömenden Oberfläche des Flusses ausstrecke und mit winzigen Bewegungen treiben lasse. Vorausgesetzt, daß ich das kann, weil ich die Angst überwunden habe, *weil* ich weiß, daß ich es kann. Freilich nicht gegen den Strom. Das Gebet ist kein Kampf, das Gebet ist Ruhe. Darum war unser Gebet auch im Gitterbett echtes Gebet. So wunderbar ruhig können wir jetzt nicht mehr schlafen.

Wer betet, kann sich sein Leben ohne Gebet nicht vorstellen. Aber er weiß auch, daß er den anderen dazu nur ermuntern darf und kann. Die beglückende Gewißheit, die das Beten bedeutet, kann man nicht vorschreiben, befehlen, gesetzlich regeln. Das Gebet wird nicht erhört, das Gebet ist die Erhörung.

13

Gleichnis vom reichen Kornbauern
Lukas 12,15–21

„Sooft uns dieser Reiche vor Augen gestellt wird, den der Ruf der göttlichen Stimme seit so vielen Jahrhunderten, auf der ganzen Welt, tagtäglich anklagt, sooft wird die trügerische Verlockung des Reichtums zurückgewiesen, der verzehrende Brand der Begierde eingedämmt, dem sinnlosen Streben der Habsucht eine Grenze gesetzt." – Mit diesen Worten fängt der beredteste Prediger des Abendlandes im 5. Jahrhundert, Petrus Chrysologus, Erzbischof von Ravenna, seine Predigt über das Gleichnis vom reichen Kornbauern an. Diese Worte des großen Erzbischofs zeigen bereits, in welch ungünstigem Licht der arme Reiche vor dem Richterstuhl des Kirchenfürsten erscheinen mußte als eine Verkörperung der Habsucht, als ein abschreckendes Beispiel der bösen Gelüste, – ich zitiere weiter – „der sich über seine gottlosen Pläne mit dem in seinem Herzen wohnenden Satan beriet, dessen verdammte Seele, von den Flüchen der Hungernden begleitet, von den höllischen Trabanten eskortiert, in die ewige Pein und Verdammnis fuhr...".[11]
Und das war das Schicksal dieses Kornbauern seit vielen Jahrhunderten auf dem ganzen Erdkreis, sooft ein Prediger das Gleichnis Jesu über ihn auslegte. Wenn ich recht sehe, besaß nur Augustinus so viel Einsicht und Mäßigung, daß er das Schicksal unseres Bauern im Jenseits offenließ. Er macht seine Zuhörer darauf aufmerksam, daß die göttliche Stimme in der Ankündigung des jähen Todes mit keinem Wort sagt, wohin der Weg des reichen Mannes nunmehr führen wird; nur daß er seine Reichtümer verlassen muß. Offensichtlich ist Augustinus der Ansicht, man solle den, den unser Herr in seiner Erzählung nicht zur Hölle verdammt hat, durch unser allzu menschliches Urteil nicht zur Hölle schicken.[12]
Mir tut dieser unglückselige Bauer leid. Er ist freilich nur

eine Gleichnisfigur, die nicht mehr Wirklichkeit besitzt als die guten oder bösen Menschen in unseren Märchen. Aber er tut mir leid, weil ich in ihm eine gewisse Ähnlichkeit mit mir entdecke. Wenn ich nun einen Versuch seiner Ehrenrettung unternehme, so tue ich es doch nicht nur aus dieser halbbewußten Solidarität heraus, sondern aus der Überzeugung, daß der wahre Sinn des Gleichnisses nur auf diesem Weg geklärt werden kann.

Wir wollen also den Fall des Mannes genau prüfen. Dabei soll uns außer dem Wortlaut des Gleichnisses nichts zur Verfügung stehen. Das ist das einzige Protokoll, das ein gerechtes Urteil ermöglicht, denn es stammt von Jesus. Die Umrahmung und Einfügung der Erzählung (Verse 15 und 21) ist ein Werk des Evangelisten.

Die Anklage in der altkirchlichen Auslegung läßt sich auf zwei Punkte reduzieren: 1. Habsucht und Geiz, 2. Genußsucht.

War der Mann des Gleichnisses wirklich habsüchtig und geizig? – Nun: Er hatte größere Besitztümer, aber er mußte bisher doch bescheiden leben. Seine Vorratshäuser entsprachen der Größe nach dem normalen Jahresertrag. Er war sicherlich wohlhabend und wahrscheinlich reicher als die Masse seiner Landsleute, aber er mußte ununterbrochen und hart arbeiten, um den Betrieb in Schwung zu halten. Sehr glückliche Wirtschaftsjahre hat er kaum erlebt, denn die Aussicht auf eine reiche Ernte bringt ihn nun in Verlegenheit. Die Scheunen reichen nicht aus. Die Zeit der Ernte naht; er muß einen Plan fassen. Im Grunde genommen hat er nur zwei Möglichkeiten: Entweder verkauft er den Überschuß zu einem Schleuderpreis, oder er schafft durch größere Speicher und Silos die Voraussetzung für ein besseres Geschäft in den kommenden Jahren. Er hat sich für diese zweite Alternative entschlossen. War er deshalb habsüchtig? Welcher Unternehmer, welcher Geschäftsmann hätte an seiner Stelle anders gehandelt?

Die Kirchenväter sehen freilich eine dritte Möglichkeit, die ihnen zugleich als die einzig richtige erscheint: Er hätte den ganzen Überschuß den Armen schenken sollen. Geistreich klärt der Kirchenvater Ambrosius den ratlosen Reichen auf: „Du hast Scheunen, die Schoße der Bedürftigen, du hast Speicher, die Häuser der Witwen, du hast Vorratskammern, die Münder der Kinder…"[13] Können wir es dem Kornbauern übelnehmen, daß er auf diese Idee nicht gekommen ist? Ist es für einen Unternehmer verpönt, so zu denken, wie ein Geschäftsmann denkt, und nicht wie ein Bischof?

Aber warum sagt Jesus mit keinem Wort, daß dieser Reiche die Armen verachtete? Wenn das zum Verständnis des Gleichnisses erforderlich wäre, hätte er das doch gesagt. Der Kornbauer war also nicht habsüchtig und nicht geizig. Seine Vorstellung von der Zukunft schließt Habsucht und Geiz geradezu aus: „Ich will sagen zu meiner Seele, d. h. zu mir: Seele, du hast viele Güter liegen für viele Jahre; ruh aus, iß, trink, laß dir wohl sein!" Die Habsucht kennt keine Zufriedenheit, kein Genug; sie will immer mehr und mehr. Und was macht unser Bauer? Er ist nun glücklich und zufrieden; er will sich nicht weiter bereichern, er hat genug für viele Jahre. Er will sich zur Ruhe setzen, sich erholen und das Leben, vielleicht zum ersten Mal, genießen. Das ist keine Habsucht. Aber auch kein Geiz. Der Geizhals ist auch sich selbst gegenüber geizig. Unser Bauer will großzügig und fröhlich sein. Wie wir alle. Wenn wir eben nicht geizig und habsüchtig sind. Hand aufs Herz! Wer kann den Kornbauern wegen dieses Planes verurteilen? Wer hätte an seiner Stelle anders gedacht, anders geplant? Wer unter uns träumt nicht, wenn er noch nicht soweit ist, von Jahren, in denen er sich endlich Ruhe, Entspannung und ein besseres Leben gönnen kann, einige Reisen unternehmen oder Hobbys nachgehen, für welche er jetzt weder Zeit noch genug Geld hat?

Um auf den zweiten Anklagepunkt zu kommen: Ist es unbedingt ein Beweis der Genußsucht, wenn unser Bauer nun tüchtig essen und trinken will? Wäre es nicht zuviel verlangt, von einem antiken Bauern etwas anderes zu erwarten? Etwa, daß er Museen und Ausstellungen besucht, die schöne Literatur studiert oder sich ausschließlich religiösen Übungen widmet? – Nein! Unser Bauer ist ein ganz normaler Mensch; ein Mensch aus Fleisch und Blut in diesem Punkt. Und daß er, kaum den Plan gefaßt, sterben muß, ist eine ausgesprochen *tragische* Wendung, die ihn uns noch näherbringt. Wenn wir dazunehmen, daß dieser Mensch ein einsamer Mensch ist, dessen Vermögen nach seinem Tod einem ungewissen Schicksal entgegengeht, da anscheinend keine Erben vorhanden sind, dann kann unser Schöffengericht ihm kaum etwas anhaben. Wir sind eher von Mitleid erfüllt. Nicht weniger als für Leute, die in unserem Bekanntenkreis ein ähnliches Schicksal haben: Wenn sie glauben, sie hätten es geschafft, geht's ins Krankenhaus, oder es kommt der Tod.

Aber wo liegt dann der Fehler dieses unglückseligen Menschen? Wo liegt der Fehler, der uns zugleich den Schlüssel zur Lösung des Rätsels in die Hand gibt und den wahren Sinn des Gleichnisses freilegt? – Wie redet ihn die göttliche Stimme an? Sie sagt nicht: „Du Geizhals", sagt nicht: „Du Schlemmer", sondern mit einem nicht weniger kräftigen Wort: „Du Narr!" Narr, nicht weil er sterben muß, sondern weil er die Möglichkeit des Todes gar nicht erwogen hat. Narr, weil er einen Plan gefaßt hat, in dem Gott keinen Platz hatte. Er bildete sich ein, das Vermögen könne das Leben sichern; wer das Essen für viele Jahre habe, lebe viele Jahre. Er dekretierte seine Zukunft, schrieb sein eigenes Schicksal vor, faßte einen Plan und kalkulierte dabei ohne einen einzigen Unsicherheitsfaktor. Er vergaß eben Gott. Und die Rechnung ging nicht auf. Wenn sie in vielen anderen Fällen aufgeht oder aufzugehen scheint, so nicht in seinem Fall. Weil sie eben nicht aufgehen *muß*…

Kein moralischer Fehler, kein ethischer Mangel, sondern das, was wir kurz Gott nennen. Unser armer reicher Bauer war ein Mensch ohne Gott, ein praktischer Atheist. Und wir sind ihm, leider, auch in diesem Punkt sehr ähnlich. Auch wenn wir am Sonntag in die Kirche gehen. Wochentags sind wir ihm ähnlich. Wir gründen unsere Existenz nicht auf Gott. Blasse Wendungen, Höflichkeitsfloskeln Gott gegenüber: „Wenn Gott uns erlaubt…, wenn er uns gibt…", usw. Aber glauben wir wirklich, daß alles von ihm abhängt? Daß auch die nächste Sekunde sein Geschenk ist? Das Gleichnis vom reichen Kornbauern will erreichen, daß wir uns dieses Glaubens bewußt werden.

Erntedankfest... Die Erde, die Natur, die Arbeit, die Industrie und die Wirtschaft haben uns auch diesmal reich beschenkt. Aber daß wir diese Fülle genießen können, weil wir noch da sind..., *dafür* sei Gott Dank! Und daß die, die weniger haben oder überhaupt nichts, von unserem Überfluß etwas, ja diesmal sehr viel, bekommen sollen, sagt uns zwar nicht das Gleichnis vom reichen Kornbauern, aber das sagen Hunderte von Jesusworten.

14

Gleichnis vom Feigenbaum
Lukas 13,6—9

„Siehe, ich komme alle Jahre, suche Frucht an diesem Feigenbaum, und finde keine." So klagt der Besitzer des Weinberges
im Gleichnis Jesu, und wir können ihm nachfühlen, wenn er
in seiner Enttäuschung erwägt, ob nicht der nutzlose Baum
abgehauen werden sollte. Wir hören die Fürsprache des Gärt-
ners: „Herr, laß ihn noch dieses Jahr!" Wie die Geschichte
ausgeht, wird nicht berichtet, aber wir können mit Sicherheit
annehmen, daß der Feigenbaum auch diesmal davongekom-
men ist, wie in den früheren Jahren, und daß die kleine Szene
sich noch unzählige Male wiederholen wird. Denn es geht
hier nicht um ein einmaliges Ereignis, um einen Ausnahme-
fall, sondern um die Regel, um die bleibende und alle Zeiten
überdauernde Geduld Gottes. Sie ändert sich nicht, sie gibt zu
unseren Jahren immer wieder neue Jahre hinzu, sie schenkt
uns die Zeit, ob wir sie nützen oder nicht. Auch diesmal hat
seine Geduld uns ein neues Jahr erleben lassen, obgleich wir
keine Früchte aufgewiesen haben.

Gewöhnlich wird man mit diesem Gleichnis allzuschnell
fertig. Ein berühmter und sehr verdienter Gleichnisausleger
bemerkt sogar zu ihm, daß hierzu nichts zu bemerken sei:
Dieses Gleichnis spreche für sich selber. Das gilt freilich für
jedes Gleichnis; es fragt sich nur, ob ich verstehe, was es sagt,
und ob ich es nicht mißverstehe. Und die Gefahr des Mißver-
stehens ist gerade bei diesem Gleichnis ziemlich groß. Man
spricht von einer Galgenfrist, von der letzten Stunde, von der
Axt, die bereits an der Wurzel des Baumes liegt, von einer
unwiderruflich letzten Gnadenfrist, vom drohenden Zuspät,
ja von Gottes Geduld, die nun endgültig erschöpft sei.

Ich möchte nicht bestreiten, daß in allen diesen Formulie-
rungen ein Körnchen Wahrheit steckt, bezweifle aber, daß
damit die Spitze, die eigentliche Aussage und die Stoßrichtung

dieser kleinen, absichtlich unvollendeten Erzählung richtig erfaßt ist. Die Frage lautet: Ist dieses Gleichnis eine einzige Drohung oder vielmehr eine tröstliche Offenbarung der Güte unseres Gottes? Will dieses Gleichnis das Geheimnis meiner Lebensdauer lüften, indem es mir vor Augen hält: „Wenn du auch dieses Jahr keine Früchte bringst, so hast du dein Leben verwirkt!", oder will es ein viel tieferes und uns alle tragendes Geheimnis anschaulich machen? Etwa dies: Das Leben ist Gottes Geschenk, die Zeit, die wir haben, ist reine Gnade, wir vermögen keine Minute zu verdienen, ja: ginge es nach unserem Verdienst, so wären wir längst nicht mehr da, so wären wir nicht einmal ins Leben gerufen worden.

Würde ich unser Gleichnis so verstehen, wie es gewöhnlich verstanden wird, so hätte ich mich gehütet, es einer Neujahrspredigt zugrunde zu legen. Denn am Beginn eines neuen Jahres soll nach meiner Überzeugung keine Gerichtspredigt ertönen, sondern Gemeinde und Pfarrer sollen einander gegenseitig helfen, für die Güte des Herrn zu danken, auf diese Güte weiterhin zu vertrauen und so trotz jeder menschlichen Ungewißheit und trotz der allzu großen menschlichen Angst vor dem Ungewissen getrost und mutig in eine *doch gewisse* Zukunft zu schreiten. Wer kann uns trennen von der Liebe Gottes, die sich uns so bedingungslos zuwendet, wie wir es ohne Jesus niemals zu ahnen vermöchten und wagten?

Das Gleichnis sagt nicht das, was in *meiner* Reichweite liegt, was *ich* tun soll (auch der arme Feigenbaum würde herzlich gerne Früchte hervorbringen!), sondern was *Gott* tut, wie *Gott* ist, wie ganz anders er ist als wir selbst. Kein menschlicher Gartenbesitzer würde einen unfruchtbaren Fruchtbaum trotz fortgesetzter Enttäuschungen immer wieder begnadigen und in seinem Garten dulden. Gott ist anders, sagt uns das Gleichnis. Gott ist geduldig und langmütig, Gott kennt und liebt bedingungslos seine Geschöpfe. Seine Geduld hält uns am Leben, von seiner Barmherzigkeit leben wir, und seine Liebe ist unser Leben.

Weil Gott so ganz anders ist als wir, darum gibt er uns ein Jahr nach dem anderen. Kann ich etwa behaupten, ich hätte all diese Jahre verdient, indem ich Früchte getragen habe? Und andere, denen weniger Zeit gegönnt wurde als mir, wären endgültig ohne jegliche Frucht geblieben? Kämen solche Gedanken in mir auf, so wäre das sehr, sehr schlimm. Das wäre das totale Mißverständnis dessen, was Jesus mir sagen will.

Ich bin sterblich, und so ist mein ganzes Leben von der Geburt an nichts anderes als ein fortgesetzter Aufschub des Todes. Jede Minute, die ich erleben darf, ist letztlich ein Geschenk Gottes, ein Geschenk, das ich niemals verdient habe und niemals verdienen werde, weil es sich nicht verdienen läßt.

Wenn ich meine Jahre zähle, bin ich ganz und gar beschämt. Denn ich stelle dabei nicht fest, wie viele Verdienste ich angesammelt, sondern wieviel Barmherzigkeit und Gnade ich erfahren habe. Wie viele Jahre ich gelebt habe, für ebenso viele Jahre habe ich Gott zu danken. Und ich muß bekennen: Trotz meiner offenkundigen Unfruchtbarkeit, trotz meiner Unverbesserlichkeit, trotz meines Mißwuchses und meines absoluten Mangels an Verdiensten hat der Herr mich in seinem Weinberg bisher geduldet. Ich danke ihm und lobe ihn dafür. Und ich bitte ihn ganz demütig, er möge mich weiterhin dulden, obgleich ich weder nützlich noch schön bin, weder Früchte bringe noch seine Augen ergötze wie eine Zierpflanze; obgleich ich in dieser seiner Welt nur den Platz anderer wegnehme, die viel besser wären als ich... Ja, Gottes Geduld erweckt in mir tiefste Dankbarkeit und echte Demut. Danken möchte ich ihm, indem ich ihn bitte, daß wie durch ein Wunder an meinen kraftlosen Zweigen doch einige Früchte erscheinen. Ich möchte ihm gefallen, ihn erfreuen und nicht immer nur enttäuschen. Wie das im einzelnen geschehen soll, darüber werde ich in diesem Jahr noch viel nachdenken müssen.

Ich hoffe, daß Jesu Gleichnis uns angesprochen hat und unsere Schritte in diesem neuen Jahr lenken wird. Zum Schluß möchte ich noch ein ähnliches Gleichnis erzählen, das geeignet ist, die Stimme des Gleichnisses Jesu in uns weiterklingen zu lassen. Es stammt von einem gelehrten jüdischen Rabbi, der in der 1. Hälfte des 4. Jahrhunderts n. Chr. in Palästina lebte, R. Jehuda bar Simon:

„Ein König hatte einen Lustgarten, bepflanzt mit einer Reihe Feigenbäume, einer Reihe Weinstöcke, einer Reihe Granatbäume, einer Reihe Apfelbäume, und er übergab ihn einem Gärtner und ging fort. Nach einiger Zeit kam der König wieder, schaute sich in dem Garten um, um zu erfahren, was der Gärtner gemacht habe, und er fand ihn voll mit Dornen und Disteln. Er ließ Schnitter kommen, um die Dornen abzuschneiden; er schaute in die Dornen und ward eine schöne Rose gewahr, er nahm sie, roch daran und erquickte sich daran. Da sprach der König: ‚Wegen dieser Rose soll der ganze Garten nun geschont werden!‘"[14]

Soweit das Gleichnis. Und auch dieses Gleichnis tröstet mich. Denn ich bin auch diesem arg verwilderten Garten ähnlich. Aber wegen einer einzigen Blume, die ihm so gut gefällt, findet der Besitzer Gefallen sogar an der Wildnis.

O Herr, tue dieses Wunder deiner Güte an mir! Wenn keine Früchte, so laß doch wenigstens eine winzige Blume in mir aufgehen, die dich in diesem neuen Jahr erfreuen soll!

15

Gleichnis von der Platzwahl
Lukas 14,7–11

Zum Verständnis der Gleichnisse Jesu führt für den modernen
Leser nicht selten ein langer, mühsamer Weg. Schuld daran ist
in den meisten Fällen die in den Evangelien mitgelieferte Deu-
tung, die uns oft auf falsche Fährten führt, und in manchen
Fällen auch der durch das Verständnis der überliefernden
Gemeinde verwandelte Wortlaut des Gleichnisses selbst.

Unser Gleichnis von der Platzwahl bildet ein gutes Beispiel
für diese zweite Gruppe: Es hat in der Überlieferung so stark
gelitten, daß es aufgehört hat, ein Gleichnis zu sein. In der jet-
zigen Form bei Lukas ist es eben kein Gleichnis mehr, sondern
eine Tischregel, eine Benimm-dich-Regel, die im Grunde
weder ethischen noch religiösen Wert besitzt. Hätten Jesu
Zuhörer diese Regel befolgt, so hätte dies an ihrer inneren
Einstellung zu Gott und zu den Mitmenschen nicht das
Geringste geändert, sondern sie lediglich vor Peinlichkeiten
und Beschämung bewahrt. Man hätte um die niedrigsten
Plätze gekämpft, um sich vom Gastgeber demonstrativ höher
setzen zu lassen. Welche großartigen Chancen hätte diese
Tischregel als Jesu Lehre dem Hochmut geboten! Trotzdem
neigt man dazu, diese Worte als Tischregel, freilich mit tiefe-
rem Sinn, zu akzeptieren, obwohl die Wiederherstellung eines
Gleichnisses ebenso einfach wie lohnend ist.

Lukas, der sich in diesem Kapitel seines Evangeliums etli-
che Mißgriffe geleistet hat, fordert uns sogar selber dazu auf,
indem er das Jesuswort als Gleichnis bezeichnet: „Auch sagte
er zu den Geladenen ein Gleichnis, als er bemerkte, wie sie
sich die Ehrenplätze aussuchten, und er sagte zu ihnen" (Vers
7). Es folgt die Tischregel. Man meint, daran sollte man keinen
Anstoß nehmen, da ja im Buch der Sprüche, Kapitel 25 (Verse
6–7), ein ähnlicher guter Rat steht: „Brüste dich nicht vor
dem König, und auf den Platz der Großen stelle dich nicht;

denn besser, daß man dir sage: Rück hier herauf!, als daß man dich herabsetze vor einem Edlen." Nun, es stimmt, daß ähnliche Weisheitssprüche im Hebräischen die gleiche Bezeichnung haben wie die neutestamentlichen Gleichnisse, aber ebenso steht fest, daß die Evangelisten in der Regel das als Gleichnis bezeichnen, was auch wir als Gleichnis empfinden. Bezeichnend ist zudem, daß ähnliche Regeln im rabbinischen Sprachgebrauch nicht als Gleichnis, sondern als „Lehre" eingeleitet werden.

Etwa zwei Generationen nach Jesus (um 110) lebte Rabbi Simeon ben Asai, und als Erläuterung zu Spr 25,6–7 ist von ihm überliefert:

„R. Aqiba *lehrte* im Namen des R. Simeon ben Asai: Halte dich fern von deinem Platz zwei bis drei Sitze und laß dich nicht eher nieder, als bis man zu dir sagt: Steige herauf! Und steige nicht ‹,von dir aus'› [erg. Detrich] herauf, ,damit man nicht' [coni. Detrich] zu dir sage: Steige hinab! Besser ist es, man sagt zu dir: Steige herauf!, als man zu dir sagt: Steige hinab!"[15]

Die Formulierung „Halte dich fern von *deinem* Platz" läßt sich nur so verstehen, daß jeder Gast ziemlich genau wußte, welcher Platz seinem Rang gebührte. Man lebte in einer Gesellschaft mit fester und offenkundiger Rangordnung, bestimmt durch Amt, Alter, Abstammung, Vermögen und öffentliche Reputation. Der Rat Rabbi Simeons besteht nun darin, sich zwei bis drei Plätze niedriger aufzustellen und zu warten, bis man hinaufkomplimentiert wird. In einer größeren Gesellschaft könnte man den Überblick verlieren und sich geringfügig verrechnen, was dann dem Betreffenden peinlich wäre.

Dieser Rat setzt also in der Gesellschaft die Beobachtung einer festen hierarchischen Ordnung als selbstverständlich voraus, und Lukas wird schwerlich recht haben, wenn er Jesus beobachten läßt, wie im Haus des führenden Pharisäers die pharisäischen Schriftgelehrten beim Sabbatmahl sich die besten Plätze aussuchen. Aber auch das Jesuswort selbst „Es könnte ein Vornehmerer als du geladen sein" bezeugt für Jesu Zeit die als selbstverständlich empfundene hierarchische

Ordnung. Und gerade die Schriftgelehrten müssen sich auf diesem Gebiet nicht nur ausgekannt, sondern die Spielregeln peinlich genau beobachtet haben.

Jesus hatte also nicht den geringsten Anlaß, die von Lukas ihm in den Mund gelegte Tischregel aufzustellen, vielmehr konnte er sich auf eine feste Gewohnheit seiner Zeitgenossen berufen und die sich darin äußernde Einsicht gleichnishaft zum Ausgangspunkt einer tieferen und umfassenderen Einsicht machen. Sein Gleichnis kann durch geringfügige Änderungen (Aussageform anstelle der Befehlsform) etwa folgendermaßen wiederhergestellt werden:

„(8) Wenn du von jemandem zu einem Hochzeitsmahl (das Aramäische unterscheidet nicht zwischen Hochzeitsmahl und Gastmahl gewöhnlicher Art!) eingeladen bist, so legst du dich nicht auf den ersten Platz, damit nicht, wenn ein Vornehmerer als du geladen sein könnte, (9) euer Gastgeber komme und zu dir sage: ,Mach diesem Platz!', und du müßtest beschämt den letzten Platz einnehmen. (10) Vielmehr: Wenn du eingeladen bist, so gehst du und legst dich auf den letzten Platz, damit, wenn dein Gastgeber kommt, er zu dir sage: ,Freund, rücke weiter hinauf!' Dann wird dir das eine Ehre sein vor allen, die zusammen mit dir zu Tische liegen."

Soweit das Gleichnis, das durchaus geeignet ist, uns nachdenklich zu machen. Ob unsere Gedanken von der nun folgenden Schlußsentenz bestimmt sein sollen, und ob diese Sentenz noch zum Gleichnis zu zählen ist, erscheint mir sehr fraglich: (11) „Denn jeder, der sich erhöht, wird erniedrigt werden, und wer sich selbst erniedrigt, wird erhöht werden."

Diese Sentenz steht völlig gleichlautend bei Lukas (18,14) als Schluß nach der Gleichniserzählung vom Pharisäer und vom Zöllner, ferner bei Matthäus (23,12) als Zusammenfassung der Kritik an den Schriftgelehrten und der Ermahnung an die Jünger. Diese Tatsache mahnt uns zur Vorsicht, und wir sollten nicht unbedingt, von dieser Sentenz ausgehend, im Gastgeber Gott und in der Erhöhung die endzeitliche Erhöhung der Demütigen erblicken.[16] Auch die doppelte Mahlsituation, nämlich, daß das Gleichnis beim Mahl vorgetragen wird (das ist redaktioneller Rahmen) und von einem Mahl redet, sollte uns nicht dazu zwingen, an das endzeitliche Mahl zu denken und unsere Jetztzeit vergessen zu lassen.[17] Es ist überhaupt fraglich, ob das Gleichnis Jesu auf unser Verhältnis zu Gott oder – zumindest direkt – auf unsere mitmenschlichen Beziehungen abzielt. Allzuschnell sollte man diese Frage nicht entscheiden. Auf gar keinen Fall läßt sich unser Gleichnis als Demutsforderung verstehen. Von Demut kann man hier nicht reden; weder von Demut Gott noch den Mitmenschen gegenüber. Wer sich aus Berechnung bescheidet, der ist nicht demütig.

Vielleicht sollte man dem Prediger das Recht einräumen, hin und wieder ehrlich zu bekennen, daß er mit einer Bibelstelle noch nicht fertig ist und möglicherweise nie fertig sein wird. Daß er sich mit seiner Gemeinde über die Perspektiven, die ein Jesuswort eröffnet, einfach aussprechen und mit ihr nachdenken möchte. Der jüdische Märtyrer Rabbi Aqiba († 135) hatte diesen Mut. Wie oft hat er über das Hauptgebot gepredigt, und knapp vor seinem Tod, im Gefängnis, bekennt er vor seinen Schülern, er habe sein Leben lang nachgedacht und erst jetzt begriffen, was es heiße, Gott von ganzem Herzen zu lieben.

Nur eines scheint mir ganz sicher zu sein. Jesus will mir sagen: Du hältst dein zurückhaltendes, abwartendes Verhalten bei den Gastmählern für klug, ja für so klug und selbstverständlich, daß du darüber gar nicht nachzudenken brauchst. Dein Verhalten ist in der Tat richtig; aber solltest du nicht darüber nachdenken, ob deine von dir so selbstverständlich praktizierte Tischsitte nicht als ein Bild für eine höhere, allgemeinere Wirklichkeit aufgefaßt werden sollte, die dir gar so schwer einleuchten will? Etwa: Du solltest niemals dein eigener Platzanweiser sein. Du solltest begreifen, daß nicht alles, was nach Existenzverlust aussieht, tatsächlich Existenzverlust ist. Es kann durchaus ein Gewinn sein, ja das Gewinnen der wahren Existenz. Etwa so, wie ich es so paradox formuliert habe: „Wer sein Leben schont, der verliert es, wer aber sein Leben verliert, der gewinnt es" (vgl. Mk 8,35).

16

Gleichnis vom großen Abendmahl
Lukas 14,16–24 und Matthäus 22,2–10

Manchmal kommt man auf seltsame Gedanken, wenn man die Evangelien liest. Man kann z. B. erwägen und sich lebhaft vorstellen, um wieviel leichter es die kommenden Generationen hätten, wenn Jesus heute lebte. Wir würden es nicht versäumen, seine Worte und Taten mit einem historischen Sinn, der unserer Zeit eigen ist, aufzuzeichnen. Wir würden die Predigten des Jesus von Nazareth auf Tonband aufnehmen und sein Äußeres, seine Bewegungen, seinen Gesichtsausdruck auf Filmen festhalten. Die Nachwelt würde auf diese Weise über eine vorzügliche, zuverlässige und sachliche Dokumentation verfügen, und es würde ihr nur die eine Aufgabe obliegen, die Lehre Jesu für ihre Verhältnisse auszulegen und zu befolgen.

Aber die Wirklichkeit ist ganz anders. Jesus von Nazareth lebte vor fast zweitausend Jahren. Zu seinen Lebzeiten sind keine Aufzeichnungen gemacht worden. Als sich die frühe Christenheit später bewußt wurde, welchen unermeßlichen Schatz sie in der Predigt Jesu, die die Welt zu verändern und zu erobern begann, besaß, versuchte man, diese Predigt, so gut man konnte, aufzuzeichnen. Die Notwendigkeit dieser Rettungsaktion ist erst von der zweiten und dritten christlichen Generation erkannt worden. Dabei wurde freilich nur ein ganz winziger Bruchteil erfaßt; jeder heutige Predigtband ist wesentlich umfangreicher als die Sammlung der Jesusworte, die auf diese Weise überliefert worden sind. Aber wir besitzen nicht einmal die ersten Sammlungen. Sie sind in unseren Evangelien verwertet, aber keineswegs vollständig aufgenommen worden.

Einen großen Teil der Jesusworte, die auf diese Weise der Vergessenheit entrissen wurden, machen die Gleichnisse unseres Herrn aus. Sie wurden in der christlichen Predigt so oft nacherzählt und durch ihren erzählerischen Zusammenhang so weitgehend geschützt, daß wir sagen können, wir sind im Besitz mancher Gleichnisse, die eine zuverlässige Wiedergabe der Predigt Jesu darstellen. Freilich sind durch das häufige Nacherzählen auch Ausschmückungen, Ergänzungen, wohlgemeinte Änderungen, neue Akzente in den ursprünglichen Wortlaut eingedrungen. Aber das Wesentliche ist uns in vielen Fällen zweifellos erhalten geblieben, oder es ist durch den Einsatz der Mittel der kritischen Wissenschaft rekonstruierbar.

Zu dieser zweiten Gruppe gehört auch das Gleichnis Jesu vom großen Abendmahl. Die Kritik befindet sich hier in einer besonders günstigen Lage, weil uns das Gleichnis in zwei verschiedenen Überlieferungen vorliegt: in einer ursprünglicheren Form bei Lukas und in einer stark abgewandelten Fassung, in einer Neubearbeitung, bei Matthäus.

Bei Lukas ist der Gastgeber einfach ein Mensch, bei Matthäus ein König. Der wohlhabende Mann bei Lukas veranstaltet ein großes Mahl, der König bei Matthäus ein Hochzeitsmahl anläßlich der Hochzeit seines Sohnes. In beiden Fassungen werden viele Gäste eingeladen, und alle schlagen die Einladung aus. Aber während sich bei Lukas die Eingeladenen mit verschiedenen Begründungen entschuldigen, gehen sie bei Matthäus wesentlich weiter: Eine Gruppe bemächtigt sich der Diener, die die Einladung überbringen, mißhandelt und tötet sie.

Der Herr bei Lukas und der König bei Matthäus reagieren auf ihre Weise. Beide sind mit Recht erzürnt. Die Genugtuung des ersteren besteht darin, daß er die Armen, Krüppel, Lahmen und Blinden einladen, jeden Platz besetzen läßt und feierlich versichert, daß keiner der ursprünglich Eingeladenen sein Mahl kosten werde. Der König bei Matthäus sendet seine Truppen aus, läßt die Stadt der Mörder in Brand stecken; erst dann denkt er daran, durch seine Diener jeden Nächstbesten von den Straßen zum Hochzeitsmahl einladen zu lassen.

Die erste Frage, die sich hier erhebt: Warum lehnen es die Eingeladenen einträchtig ab, am Mahl teilzunehmen? Weder die lukanische noch die matthäische Fassung kann auf diese Frage eine Antwort geben. Es handelt sich offenkundig um keinen Zufall, sondern um eine Verschwörung. Ist etwa an der Person des Gastgebers etwas auszusetzen, was diese seltsame Haltung der Eingeladenen begründet? In keiner der beiden Erzählungen wird ähnliches angedeutet, wohl aber in einer verwandten Fassung unserer Geschichte, die als eine jüdische Erzählung im Talmud[18] zu finden ist. Dort lesen wir, daß ein reicher Zöllner für die Ratsherren der Stadt ein Festmahl veranstaltete. Aber sie hielten es für unter ihrer Würde, am Mahl eines Emporkömmlings von zweifelhaftem und allgemein verachtetem Beruf teilzunehmen. Hierauf verfährt der Zöllner ähnlich wie der Gastgeber bei Lukas: Er läßt die Armen und Verachteten kommen und füllt mit ihnen seinen Speisesaal.

Es ist sehr wahrscheinlich, daß diese jüdische Erzählung, die ganz einfach, realistisch und logisch ist, von Jesus aufgegriffen wurde. In der Überlieferung des Gleichnisses ist die Person des Gastgebers allmählich aufgewertet worden, bis er bei Matthäus zu einem König wurde. Dabei mußte die Logik der Geschichte immer mehr und mehr verdeckt werden. Wenn es in beiden Fassungen unbegreiflich ist, warum die Eingeladenen plötzlich einträchtig absagen, ist es geradezu unvorstellbar, wenn sie bei Matthäus die Boten des königlichen Herrn töten. Undenkbar ist es auch, daß ein König in die Lage kommt, die Hochzeit seines Sohnes mit Bettlern, Krüppeln und Landstreichern als Hochzeitsgästen feiern zu müssen.

Was ist nun die Erklärung für diese merkwürdige Entwicklung? Die Antwort ist ganz einfach: Aus dem Gleichnis Jesu ist bei Matthäus eine Allegorie geworden. Bei dieser Erkenntnis wird jeder unlogische Zug sofort klar und logisch. Der König ist Gott, sein Sohn ist Christus, das Hochzeitsmahl ist die Hochzeit des Lammes, das heißt das endzeitliche Mahl, die wiederholt Eingeladenen sind die Juden, die Diener des Königs sind die Propheten, die die Einladung ins Reich Gottes überbringen; sie werden getötet, weil die Propheten getötet wurden; aber die Stadt der Undankbaren wird ausgebrannt, nämlich im Endgericht. Das Mahl wird nun allein denen offenstehen, die von den Straßen geholt werden; das sind die Heiden, die den Platz der Juden im Gottesreich übernehmen sollen.

Bei Matthäus haben wir also nicht das Gleichnis Jesu, sondern einen Kommentar zum Gleichnis, wo das Verständnis
der Urgemeinde die ursprüngliche Erzählung weitgehend verändert, fast durch eine neue Erzählung verdrängt hat. Aber
auch bei Lukas schimmert sehr diskret die gleiche Entwicklung durch. Wenn der Gastgeber da versichert: „Ich sage euch,
daß der Männer keiner, die geladen waren, mein Abendmahl
schmecken wird", so ist diese Versicherung überflüssig, da die
Geladenen keine Lust zeigten, das Mahl des Mannes zu
schmecken. Auch die Mehrzahl „ich sage *euch*" fällt aus dem
Rahmen, denn der Herr redet mit seinem Diener. Man sieht,
es wird hier die Gemeinde angeredet, die den Inhalt des
Gleichnisses auf sich beziehen soll: Keiner darf damit rechnen, das himmlische Mahl Jesu zu kosten, wenn er dem Ruf
Jesu nicht folgt.

Die ursprüngliche, durch das Verständnis der Urgemeinde
nicht beeinflußte Form ist also nicht überliefert worden. Sie
muß irgendwo zwischen der jüdischen Erzählung und dem
Gleichnis bei Lukas liegen. Etwa so:

„Die Sache mit dem Reich Gottes ist ähnlich wie die
Geschichte vom reichen Zöllner. Die Geladenen kamen
nicht. So ließ er die Nächstbesten holen. Das Haus war voll
von Bettlern, Krüppeln, Lahmen und Blinden. Es war ein
herrliches Mahl."

Aber was ist der Sinn dieser Erzählung? Warum greift Jesus
die Geschichte vom reichen Zöllner auf? Worin sieht er die
Ähnlichkeit? Ich meine, ihm schwebt das Schlußbild vor: das
großartige Mahl der Bettler, der Verachteten, der Ausgestoßenen, der Verspotteten. Das Mahl, an dem man ohne jedes Verdienst, ohne die geringste Würdigkeit teilnimmt. Das Mahl,
das dieser Schar einfach zufällt, weil sie davon nicht einmal zu
träumen wagt. Der erste Teil, nämlich die Ablehnung der Teilnahme durch die geladenen Gäste, dürfte lediglich dazu dienen, ein so seltsames Mahl der Bettler zu ermöglichen, wie
auch in der jüdischen Erzählung. Auf keinen Fall liegt der
Akzent auf dem ersten Teil, und auf keinen Fall soll durch das

Gleichnis die große Wendung der Heilsgeschichte von den Juden zu den Heiden angedeutet werden. Jesus und seine Zeitgenossen dachten noch nicht an diese Wendung. Die Gleichnisse Jesu sind keine Weissagungen, sie geben keine Theologie der Heilsgeschichte, sondern gehen jeden Zuhörer unmittelbar an.

Der Sinn dieses Gleichnisses ist also der gleiche wie der Sinn der Seligpreisungen. Es ist ein buntes Gemälde von einem Mahl, wo alle versammelt sind, die von Jesus seliggepriesen werden: „Selig seid ihr Armen; denn das Reich Gottes ist euer. Selig seid ihr, die ihr hier hungert; denn ihr sollt satt werden. Selig seid ihr, die ihr hier weinet; denn ihr werdet lachen. Selig seid ihr, so euch die Menschen hassen und euch ausstoßen und schelten und verwerfen..." (Lk 6,20ff.)

Selig sind, die das Gottesreich im Glauben empfangen. Ohne Verdienste, ohne Werke, ohne Würdigkeit, ohne die eigene Gerechtigkeit. Selig sind, die auf das Reich Gottes keinen Anspruch erheben und doch einen Anspruch haben: ihre Armut, ihre Schwäche, ihre Leiden und ihr Verachtetsein. Selig sind, die keine Eintrittskarte ins Gottesreich besitzen; die wissen, daß es eine solche nicht gibt. Denn nur die, die in ihren eigenen Augen des Reiches unwürdig sind, werden das Reich betreten.

17

Gleichnispaar vom Turmbau und vom kriegführenden König

Lukas 14,25–33

Unser Text bringt eine kleine Redekomposition des Evangelisten Lukas über die Nachfolge. Sie besteht aus drei Teilen: Nach einer kurzen Einleitung (Vers 25) kommt der *erste* Teil der Rede, ein Doppelspruch von der Nachfolge (Verse 26–27). Der *zweite* Teil besteht aus einem Gleichnispaar oder Doppelgleichnis vom Turmbau und vom kriegführenden König, das offenbar den Gedanken der Nachfolgesprüche fortsetzt (Verse 28–32). Schließlich faßt der *dritte* Teil (Vers 33) mit „ebenso" zusammen und zieht die Konsequenz aus der ganzen Rede: „Ebenso nun jeder von euch, der nicht absagt allem, was er besitzt, kann nicht mein Jünger sein."
Wenn das der Sinn der Rede ist, so sollten wir aufrichtig bekennen, daß wir alle miteinander keine Jünger Jesu, keine Christen sind. Denn wir hassen nicht all das, d. h. wir sagen nicht all dem ab, was wir haben: Vater, Mutter, Ehefrau, Kindern, Brüdern, Schwestern und dem eigenen Leben.
„Kommet her zu mir alle, die ihr mühselig und beladen seid; ich will euch erquicken!" (Mt 11,28). „So jemand zu mir kommt und hasset nicht seinen Vater, Mutter, Weib, Kinder..., der kann nicht mein Jünger sein." Für die Erquickung zahlen wir also einen ziemlich hohen Preis, und wer diesen Preis nicht bezahlen will oder nicht die Kraft dazu hat, auf alles zu verzichten, tut besser daran, gar nicht erst zu Jesus zu kommen. Lieber keinen Versuch machen als aufgeben; das ist doch der Sinn der Gleichnisse nach Lukas.
Man versucht auf verschiedene Weise, unseren Text zu entschärfen. Das sollte man nicht tun. Man sollte stattdessen die Lage der Überlieferung prüfen. Wie steht es mit den Sprüchen von der Nachfolge?
Bei Lukas werden diese radikalen Forderungen betont an

die *Volksmenge* gerichtet (Vers 25). Die gleichen Sprüche stehen bei Matthäus in der Aussendungsrede (10,37–39), wo die zwölf Angeredeten namentlich genannt werden. Bei Matthäus geht es also um die ganz *besondere* Jüngerschaft, bei Lukas um das, was wir heute als Christsein bezeichnen. Christsein bedeutet für ihn, Jesus bis an das Ende der Zeit nachzufolgen mit der gleichen Radikalität, die ursprünglich zweifellos nur für bestimmte Personen galt. Während Markus (10,29–30) und Matthäus (19,27–29) noch den Übergang der Nachfolgesprüche vom Sitz im Leben Jesu zum Sitz im Leben der Gemeinde verraten, ist diese Entwicklung bei Lukas bereits abgeschlossen: Die Forderung der Sprüche ist bei ihm allgemeingültig; sie gilt für die *ganze* Gemeinde, für *alle* Christen. Der ursprüngliche Zusammenhang ist bei Lukas nicht mehr zu erkennen. Er fordert eine *ideale* Gemeinde nach dem von ihm in der Apostelgeschichte liebevoll geschilderten Muster der Urgemeinde in Jerusalem.

Während die Nachfolgesprüche Gemeingut der Evangelisten sind – allerdings verschieden verstanden –, gehört das Doppelgleichnis vom Turmbau und vom kriegführenden König zum Sondergut des Lukas. Der Sinn dieser Gleichnisse im *lukanischen* Verständnis ist klar: Da die Forderung Jesu so radikal ist, soll sich jeder prüfen, ob er diese Forderung erfüllen kann, und nur wenn er sich stark genug fühlt, soll er sich dazu verpflichten. Daß diese Verpflichtung in der *Taufe* geschieht, wäre auch dann klar, wenn wir nicht das ausdrückliche Zeugnis Tertullians hätten, der das Gleichnis vom Turmbau auf die Taufe bezieht. In seiner Schrift „Über den Götzendienst" ruft er dem Getauften, der sich über die kirchliche Strenge beklagt, zu: „Man beklagt sich nach der Besiegelung des Glaubens (d. h. nach der Taufe) zu Unrecht über seine Nöte... Zu spät kommt deine Klage! Du hättest die Sache früher überlegen müssen nach dem Beispiel jenes überaus klugen Bauherrn, der zuerst den Aufwand und seine Kräfte berechnet, um sich nach dem Baubeginn wegen der ausgegangenen Mittel nicht schämen zu müssen."[19] Danach hält er dem Unglücklichen noch die Nachfolgesprüche entgegen.

Es ist klar: Die Christenheit des zweiten und dritten Jahrhunderts verstand diese Sprüche und Gleichnisse als *Abschreckungsworte*, die vor der großen Entscheidung der Taufe überlegt werden sollten. Erst als das Christentum zu einer Staats- und damit Weltreligion wurde, fühlte man sich gezwungen, unsere Sprüche in ihrer Gültigkeit (nicht in ihrer Radikalität!) wieder einzuschränken. Man verstand sie als Forderungen der radikalen Nachfolge an jene, die zu dem engsten Jüngerkreis des erhöhten Jesus gehören wollen: an die Bischöfe, Eremiten und Mönche. Die Überlegung hinsichtlich der Kräfte galt jetzt nicht mehr für die Taufe (es wurden bereits die Kinder getauft!), sondern für das Verlassen der Städte und das Ausziehen in die Einöde, für den Eintritt in die Klöster und die Ablegung der Gelübde, für die Aufnahme in den Klerus und den Empfang der Weihen.

Die Reformation hat dieses christliche Kastendenken des Mittelalters mit Recht zurückgewiesen, aber das Problem der Jesusworte konnte von der reformatorischen Theologie noch nicht befriedigend gelöst werden. Heute haben wir die Möglichkeit und Pflicht, den Problemkomplex mit allen Mitteln der Theologie neu anzugehen. Wie das geschehen kann, möchte ich an unserem Predigttext aufzeigen.

Die meisten Gleichnisse Jesu schildern das normale menschliche Verhalten. Das „Normale" wird bei Lukas häufig durch die *rhetorische* Frage „Wer unter euch?" hervorgehoben. Nun kann man in der Auslegung dieser Gleichnisse in zwei Richtungen gehen. Entweder bleibt das Gleichnis mit seiner Aussage auf der menschlichen Ebene und fordert das gleiche selbstverständliche Verhalten auch auf anderen Gebieten, oder die Aussage verläßt die menschliche Ebene und beleuchtet durch die menschliche die göttliche Handlungsweise. Man könnte also von ethisch-praktischen und von theologisch-dogmatischen Gleichnissen reden.

Beispiele für die erste Gruppe: Die klugen Jungfrauen nehmen genügend Öl mit; so sollt auch ihr mit einer Verzögerung der Ankunft rechnen. Der Sämann ist hoffnungsvoll und realistisch; auch ihr sollt euch ähnlich verhalten. Der Landmann weiß, daß die Ernte Zeit braucht; seid auch ihr geduldig. Weitaus häufiger muß der andere Weg beschritten werden:

ein kühner Schritt vom Menschlichen zum Göttlichen. Der enttäuschte Gastgeber öffnet seine Tür für die Nichtgeladenen; so auch Gott. Der Grundbesitzer duldet eine Zeitlang das Unkraut; so auch Gott. Man will für sein Kapital Zinsgewinn haben; nicht anders Gott. Man gibt seinem bittenden Nachbarn, seinem bittenden Kind Brot; so auch Gott – besser gesagt: um wieviel mehr erfüllt Gott unsere Bitten. Denn was bei uns das selbstverständliche und richtige Verhalten ist, das sollten wir auch Gott zutrauen. Ist er vielleicht schlechter als wir Menschen?

Bei sehr vielen Gleichnissen ist es kein Problem, welchen der beiden Wege die Auslegung einschlagen soll. Denn in den meisten Fällen ist nur der eine oder der andere Schritt sinnvoll. Aber es gibt Gleichnisse, bei denen der Scheideweg zu einer verhängnisvollen Fehlerquelle für die Auslegung werden kann und auch geworden ist. So hat Lukas aus dem theologisch-dogmatischen Gleichnispaar vom Turmbau und vom kriegführenden König, das unseren *Glauben* wecken will, ein ethisch-praktisches Gleichnispaar gemacht, das uns von der unüberlegten Nachfolge abschrecken soll. Man kann bezweifeln, daß es überhaupt sinnvoll war, die Nachfolge in Gleichnissen zu erläutern. War es notwendig, solche abschreckenden Gleichnisse an die Volksmenge zu richten? War es nicht vielmehr so, daß Jesus seine Wahl traf und der Berufene ihm ohne die geringste Überlegung aufs Wort folgte? Versuchen wir den anderen Weg einzuschlagen, den Weg vom Menschen zu Gott!

Jesus predigt den Anbruch des Gottesreiches: „Das Reich Gottes ist nahe herangekommen" (Mt 4,17). Die Zeichen der Zeit sind da, man muß sie nur deuten können: „Blinde sehen und Lahme gehen, Aussätzige werden rein und Taube hören. Den Armen wird das Evangelium gepredigt" (Mt 11,5). Gott hat einen sichtbaren Anfang gesetzt. Nicht der Unglaube, aber der Kleinglaube fragt nun besorgt: Wird er sein Werk auch vollenden? Sogar die Jünger fragen immer wieder ihren Meister, wann endlich die Vollendung sein wird. Jesus will diese Sorgen und diesen Kleinglauben in seinem Gleichnispaar ausräumen.

Ihr Menschen seid im allgemeinen so klug, daß ihr keinen

Turmbau beginnt, wenn euch die Mittel fehlen. Wenn ihr also einen im Bau befindlichen Turm seht, nehmt ihr mit Recht an, daß er auch vollendet wird. Das ist doch die Regel; denn wer ist unter euch, der zum Spott der Menschen werden will? Wenn ihr nun so überaus klug seid, solltet ihr nicht mindestens die gleiche Klugheit auch Gott zutrauen? Wenn er einen Anfang gesetzt hat, wird er das Werk auch vollenden. Oder meint ihr, daß ihm die Mittel dazu nicht vorhanden sind oder ausgehen können? Gott weiß, was er tut! Und er braucht nicht einmal die Kosten zu berechnen und seine Kräfte zu prüfen, wie ihr es zu tun pflegt. Er kennt seine eigene Kraft.

Auf die zweite Hälfte des Doppelgleichnisses brauche ich nicht näher einzugehen. Es sagt in einem für die damalige Zeit nicht ungewöhnlichen Bild dasselbe aus wie das Gleichnis vom Turmbau: Hört auf, kleingläubig und besorgt zu sein! Keine Macht vermag nunmehr das Reich Gottes aufzuhalten!

Diese Auslegung wird durch eine Anzahl Gleichnisse vom Himmelreich erhärtet. Auch das Doppelgleichnis vom Senfkorn und vom Sauerteig richtet sich gegen diesen Kleinglauben. Das Senfkorn ist nur ein winziger Anfang, wird aber, einmal gesät, in einem baumgroßen Gewächs vollendet. Wer soll diese Entwicklung aufhalten? Und wenn die Hausfrau den Sauerteig mit dem Mehl einmal vermischt hat, wer kann es verhindern, daß der Teig aufquillt? Oder was kümmert euch das Böse, das noch seine Macht besitzt? Auch der Grundbesitzer läßt das Unkraut erst bei der Ernte vernichten! So handelt auch Gott, und ihr solltet von dem noch vorhandenen Bösen nicht darauf schließen, daß das Reich, das ich predige und verkünde, keine Wirklichkeit ist. Oder das Gleichnis von der Saat und der Ernte. Der Bauer denkt nicht daran, daß er heute die Saat bestellt und schon morgen erntet. Er geht schlafen und steht auf, – ja es vergehen viele Tage, bis es soweit ist. Und er ist klug genug, nicht ungeduldig oder hoffnungslos zu sein.

Wir könnten noch einige Beispiele und Überlegungen anführen und diese Auslegung von vielen Seiten beleuchten. Aber ich hoffe, daß uns auch so ziemlich klargeworden ist, daß, während die konventionelle Auslegung von der Nachfolge kaum zu überwindende Schwierigkeiten bereitet, die

Auslegung vom Gottesreich einen ausgezeichneten Sitz im Leben und in der Predigt Jesu hat. Aber auch in unserem Leben. Weil auch wir kleingläubig und verzagt sind. Wir beten täglich im Vaterunser: „Dein Reich komme". Aber wir meinen oft, von diesem Reich so wenig zu spüren, daß uns alles etwas irreal und utopisch erscheint. Nun: Gott hat in Jesus einen Anfang gesetzt. Er wird dieses Werk auch vollenden, wie der kluge Bauherr und der kluge König. Er wird es vollenden. Freilich nicht heute oder morgen, aber auf keinen Fall *ohne uns*. Wir sollen also glauben und dementsprechend handeln.

18

Gleichnis vom verlorenen Silbergroschen

Lukas 15,8–10

Das bescheidene kleine Gleichnis Jesu vom Silbergroschen reizt mich, und ich kann ihm nicht widerstehen. Um ehrlich zu sein: Ich will ihm gar nicht widerstehen, weil dieses arme Gleichniswort, welches mit „oder" dem Gleichnis vom verlorenen Schaf angeschlossen ist, meistens einfach weggelassen wird. So predigt man eifrig vom verlorenen Schaf, und über den Silbergroschen schweigt man sich aus.

Bevor ich auf Einzelheiten eingehe, stelle ich ehrlich und entschieden fest: Dieses Gleichnis, wie es im Lukasevangelium vorliegt, bewegt mich überhaupt nicht. Und das ist auch verständlich. Denn: Wenn ich ein Sünder bin, interessiert mich Gottes Freude im Endgericht nicht im geringsten. Gerade darin besteht meine Sündhaftigkeit, daß mich Gottes Wille nicht angeht: Ich identifiziere mich mit ihm in keiner Weise. Bin ich aber ein Gerechter, ein Gerechtfertigter, einer, dem Erbarmung widerfahren ist, so braucht das Gleichnis nicht um mein Verständnis für Gottes Vergebung und seine Freude an der Vergebung zu werben. Dann lebe ich stets und ganz von dieser Vergebung.

Es scheint, daß Lukas hier ein Gleichnis etwas gewaltsam in das gleiche Schema gepreßt hat wie das Gleichnis vom verlorenen Schaf und es diesem weitgehend angepaßt hat. Dafür gibt es manche Anzeichen, und die Herauslösung unseres Gleichnisses aus der engen Verbindung mit dem Gleichnis vom verlorenen Schaf beseitigt bereits manche Schwierigkeiten.

Schon die Einleitung unseres Gleichnisses ist im Gegensatz zum Schafgleichnis äußerst schwerfällig formuliert: „Eine Frau, die zehn Silbergroschen hat, wenn sie einen Silbergroschen verliert." Es ist zu vermuten, daß die Angabe des Besitzes mit zehn Münzen nicht ursprünglich ist und daß es im ursprünglichen Gleichnis lediglich um einen beliebigen verlorenen Silbergroschen geht. Tatsächlich glätten einige alte Handschriften und alte Übersetzungen hier die sprachliche Formulierung. Die Angabe des Besitzstandes mit zehn Groschen wagen sie freilich nicht wegzulassen. Dabei ist diese Angabe ziemlich bedeutungslos, ja widersinnig. Denn 99 Schafe zu verlassen, um ein einziges zu suchen, das sich verirrt hat, ist eine *völlig andere* Situation, als einen verlorenen Silbergroschen mit großem Aufwand zu suchen, wenn man im ganzen nur die armselige Summe von zehn Groschen besitzt. Allein aus diesem Grund muß das zweite Gleichnis ursprünglich ganz anders angelegt gewesen sein als das erste.

Auch eine weitere gängige Vorstellung erweist sich als unbegründet. Ein bekannter Ausleger meint: „Die Frau zündet ein Licht an, weil die armselige, fensterlose Behausung nur wenig Licht durch die niedrige Tür einläßt."[20] Nun ist das Suchen des Verlorenen das Thema vieler rabbinischer Gleichnisse. Man kann von einem verbreiteten Gleichnismotiv, von einer Gattung reden, die ihre Eigengesetze hat. Das Anzünden eines Lichtes oder vieler Lichter gehört dazu auch dann, wenn es sich um einen *königlichen Palast* handelt. So lesen wir im rabbinischen Kommentar zum Hohenlied: „Ein König, der ein Goldstück in seinem Palast oder eine kostbare Perle verloren hat, kann er sie nicht durch einen Docht im Wert eines Isars (d. h. der kleinsten Geldmünze) wiederfinden?"[21] In der gleichen rabbinischen Schrift lesen wir (ebd.): „Ein Mensch, wenn er einen Sela (kleines Geldstück) oder sonst etwas in seinem Hause verliert, zündet viele Lichter und Dochte an, bis er sie wiederfindet." Es ist offenkundig: Das Licht hat einen festen Platz in den Gleichnissen vom Suchen des Verlorenen.

Aber auch die Sorgfalt und Mühe, die man nicht scheut. Nur ein Beispiel: das eigenartige jüdische Gleichnis vom verlorenen Hahn; da wird die große Mühe betont, die der Mensch auf sich nimmt, um einen relativ geringen Besitz wiederzufinden. Das Gleichnis wird Gott in den Mund gelegt: „Wenn einem von euch ein Hahn abhanden käme, so würde er viele Wege machen, um ihn zurückzubringen. Meine Lade befindet sich im Gebiet der Philister schon sieben Monate, und ihr achtet nicht darauf!"[22]

Das Gemeinsame und Wichtigste in diesen Gleichnissen *vom Verlorenen* ist, daß sie nicht klarmachen wollen, daß *Gott* das Verlorene sucht, sondern daß sie *uns* zum Suchen auffordern wollen. Und wenn das verlorene Schaf in uns die Vorstellung des Sünders zu erwecken vermag, so ist doch der verlorene Groschen der armen Frau kaum dazu geeignet, unsere Gedanken auf Gott oder Jesus zu lenken, der dem Sünder nachgeht, ihn zurückholt und ihm vergibt. Das Schaf ist ganz verloren, der Groschen nur für den Besitzer. – Auch die Freude der armen Frau mit dem Besen in der Hand ist ein ziemlich ungeeignetes Bild für die große Freude Gottes im Himmel.

Gelingt es uns, von der uns liebgewordenen Vorstellung, der Silbergroschen sei lediglich eine Variante des Schafes, Abschied zu nehmen, so bekommt das Gleichnis vom Silbergroschen eine ganz andere Stoßrichtung. Es will uns nicht die beglückende Wahrheit einschärfen, daß Gott uns sucht und nicht verlorengehen läßt, sondern eine ebenfalls wichtige Einsicht, die uns heute nicht selten verlorengegangen ist: Wir sollen suchen und nicht allzuschnell, ja niemals, aufgeben. Unser Leben hat einen Sinn, wir müssen ihn nur finden! Besonders die Jugend leidet heute unter der scheinbaren Sinnlosigkeit ihrer Existenz. Jesus sagt: Schaut diese Hausfrau an! Wegen eines Silbergroschens stellt sie die ganze Wohnung auf den Kopf, und sie findet ihn! Und wie sie sich über diese Kleinigkeit freut! Wollt ihr euch nicht freuen?

In vielen alttestamentlichen Büchern, in den Psalmen, in den Chronikbüchern ist der Ausdruck „den Herrn suchen" eine stehende Formel. Auch in Jesu Mund fehlt die Aufforderung nicht: „Suchet, und ihr werdet finden!" (Mt 7,7); dazu die Versicherung: „Wer sucht, findet" (Mt 7,8; Lk 11,9.10). Wo wir vom Sinn des Lebens reden, wo das Alte Testament vom Herrn redet, spricht Jesus einfach vom Suchen oder im Sinne seiner Botschaft vom Gottesreich: „Suchet zuerst das Reich Gottes und seine Gerechtigkeit...!" (Mt 6,33; Lk 12,31). Der verlorene Silbergroschen kann seinen Besitzer nicht suchen; das verlorene Schaf sucht seinen Hirten, findet ihn aber nicht; der verlorene Sohn steht auf, wenn er die Erinnerung an das verlorene Glück wiedergefunden hat, und macht sich auf den Weg zu seinem Vater. Und der Vater geht ihm entgegen, denn er hat nie aufgehört, seinen Sohn zu lieben.

Dieses Suchen und dieses Finden, die Begegnung derer, die zusammengehören, ist die Aussage unseres Gleichnisses. Diese Aussage vermag mich anzusprechen. Meinem Suchen ist das Finden verheißen. Und das Finden bedeutet Freude: eigene, erfahrbare, gegenwärtige, diesseitige Freude. Meine Freude, nicht eine zukünftige Freude im Himmel über mich. Meine eigene Freude, jetzt und in dieser Welt.

19

Gleichnis vom Pharisäer und Zöllner

Lukas 18,9–14

Manche Gleichnisse Jesu wirken heute kaum auf uns. Das kann viele Gründe haben. In vielen Fällen arbeiten sie mit Begriffen und Vorgängen, die uns unbekannt oder wenigstens nicht aus eigener Anschauung bekannt sind. Oft ist uns auch die Aussage selbstverständlich geworden, und wir kennen das Gleichnis zu gut, als daß wir über seinen Sinn nachdenken wollten. Auch die im Gleichnis vorkommenden Begriffe können sich in unserem christlichen Bewußtsein eindeutig und einseitig festgelegt haben in einem Sinn, der nicht ihr ursprünglicher Sinn ist. Die „Gleichnishelden" sind unsere alten Bekannten, die uns nicht viel Neues sagen können. Es gibt Fälle, in denen die langdauernde kirchliche Auslegungstradition, nicht selten schon vor der schriftlichen Fixierung, manchmal gerade durch sie, d. h. durch die Evangelisten, die Spitze des Gleichnisses abgebrochen oder sie durch neue Akzente verbogen hat. Dann trifft uns das Gleichnis nicht, oder nicht dort, wo Jesus uns treffen wollte: an unseren empfindlichsten Stellen.

Ich glaube, für unser Gleichnis vom Pharisäer und Zöllner treffen alle diese Beobachtungen zu. Wir müssen es mit neuen Augen lesen und mit neuen Ohren hören. Und wir müssen merken, daß es in diesem Gleichnis um *uns* geht, um *jeden* einzelnen von uns.

Wir müssen damit anfangen, daß wir das Bild aus dem Rahmen herausnehmen und eine Übermalung entfernen. Der Rahmen ist Vers 9 und Vers 14b. Vers 9 gehört nicht zum Gleichnis und hindert mich daran, das Gleichnis auf mich zu beziehen: „Er sprach zu *einigen*", also nicht zu allen. Nun, ich gehöre vermutlich nicht zu diesen *einigen:* Ich vertraue nicht auf mich selbst, ich halte mich nicht für einen Gerechten, und ich verachte die übrigen keineswegs. Zumindest nicht im allgemeinen. Wir sehen, wie durch diese ausführlich geschilderte Zielgruppe der Sinn des Gleichnisses so weit festgelegt wird, daß ich eine *Abwehrstellung* einnehmen und mich aus dem Gleichnisgeschehen heraushalten kann. Wenn Lukas durch diesen einleitenden Satz uns die Mühe nimmt, den Sinn durch eigene Anstrengung herauszubringen, und uns von vornherein auf eine Fährte führt, die vielleicht nicht die richtige ist, so erfolgt in Vers 14b durch die Sentenz: „Denn jeder, der sich selbst erhöht... usw." zusätzlich eine Übermalung des herrlichen Gemäldes mit grauer Farbe, die ihm Glanz und Konturen nimmt und die ganze Darstellung zu einer schlechten Illustration dieses religiösen Gemeinplatzes macht.

„Zwei Menschen gingen hinauf in den Tempel, um zu beten: der eine ein Pharisäer, der andere ein Zöllner". Es genügt, diesen einen Satz zu lesen oder zu hören, und wir sind schon befangen. Denn die beiden sind für uns längst zu Typen geworden, und der Pharisäer trägt ein negatives, der Zöllner ein positives Vorzeichen. Die Feindschaft der Pharisäer mit Jesus ist genügend bekannt, weniger bekannt sind freilich die Gründe. Ebenfalls bekannt ist uns der Verkehr Jesu mit den Zöllnern, wenn wir auch über seine Motive kaum nachdenken. In unserem Sprachgebrauch ist der Pharisäer ein heuchlerischer, unehrlicher Mensch geworden, der alles nur um des Scheines willen tut und eine Haltung vortäuscht, die seinem Inneren nicht entspricht: ein Selbstgerechter, ein Scheinheiliger, eine Verkörperung all dessen, was Jesus ablehnt. Die Evangelien sind nicht ganz ohne Schuld an dieser Schwarzweißmalerei. Die Zöllner bekommen hingegen einen Heiligenschein: Jesus ruft den Zöllner Levi oder Matthäus in seine Nachfolge, er kehrt gerne bei Zöllnern ein und ißt mit ihnen; er erklärt, daß die Zöllner und Dirnen eher ins Reich kommen als andere (Mt 21,31).

Daß die Zöllner als Sünder galten, ist offensichtlich; sie werden mit den Sündern oft in einem Atemzug genannt. Jesus ist „ein Freund von Zöllnern und Sündern" (Mt 11,19). Es nähern sich ihm „alle Zöllner und Sünder" (Lk 15,1). Aber die Zöllner werden doch von der christlichen Gemeinde mit einer

Art Sympathie angesehen, und nur wenige Sprüche bezeugen die echt jüdische Verachtung der Zöllner auch in der christlichen Gemeinde. So bei Matthäus, wenn es in der Bergpredigt (5,46) heißt, daß auch die Zöllner jene lieben, von denen sie geliebt werden. Bezeichnenderweise redet Lukas (6,32) von „Sündern" im gleichen Zusammenhang. In der Gemeinde des Matthäus werden noch Heiden und Zöllner gleichgesetzt: „Hört er die Gemeinde nicht, so sei er dir wie ein Heide und Zöllner" (18,17). Das ist eine alte Exkommunikationsformel: Wer den Urteilsspruch der Gemeinde nicht annimmt, soll als Heide oder Zöllner angesehen werden, d. h. als jemand, der nicht der christlichen (bzw. jüdischen) Gemeinde angehören kann. Aber die Spuren der Verachtung der Zöllner bei den Christen sind äußerst selten.

Wir ergreifen in diesem Gleichnis völlig spontan und unreflektiert die Partei des Zöllners. Deshalb wirkt das Gleichnis auf uns anders, völlig anders als auf die Zuhörer Jesu. Hätte Jesus sein Gleichnis offengelassen, also unseren Vers 14a nicht ausgesprochen und die Antwort den Zuhörern überlassen, wie das z. B. im Gleichnis vom Samariter der Fall ist, so hätte sein Gleichnis sein Ziel verfehlt. „Wer ging als Gerechter hinab, der Pharisäer oder der Zöllner?" Sie hätten einstimmig geantwortet: „Der Pharisäer". Daß Jesus mit seinem *Ich sage euch*" den Fall anders als erwartet gelöst hat, muß seine Zuhörer maßlos schockiert haben. Und die ganze Wirkung dieses Gleichnisses beruht auf dem Schock, den es hervorruft.

Die Pharisäer waren die treuesten Anhänger und die kompromißlosen Eiferer des Gesetzes. Sie hatten zum Schutz des Gesetzes strenge Vorschriften, gleichsam Zäune, aufgerichtet, die sie gewissenhaft beobachteten. Hätten sie diese Vorschriften unbewußt gebrochen, wäre das göttliche Gesetz noch immer unverletzt geblieben, da sie sich ja zu einer Gesetzesbeobachtung verpflichteten, die weit über das Gesetz hinausging. Nicht ohne Grund erwähnt unser Beter sein zweimaliges Fasten in der Woche. Denn vorgeschrieben war nur ein einziger Fasttag *im Jahr*, nämlich der Versöhnungstag. Und alles zu verzehnten, auch die geringsten Produkte wie Minze, Dill und Kümmel (Mt 23,23), war eine Art Selbsthilfe dieser

Gesetzestreuen, da sie nie sicher sein konnten, daß die Bauern, die ihre Produkte verzehnten sollten, es wirklich getan hatten. Gott sollte auf keinen Fall, auch nicht durch das Verschulden eines Dritten, zu kurz kommen.

Das Gebet des Pharisäers soll im Lichte ihrer Ideale, die ihnen beim Volk hohes Ansehen einbrachten, gesehen werden. Es ist ein *echtes* Gebet, zu dem es in der rabbinischen Literatur überzeugende Parallelen gibt. Wir dürfen nicht übersehen, daß unser Beter seine Gesetzestreue, sein Anderssein als die Masse nicht *sich selbst* zuschreibt, sondern dafür Gott *dankt*: „Gott, ich sage dir Dank, daß ich nicht bin wie die übrigen Menschen". Er weiß um sein Bewahrtsein, und sein Dank und Lob gelten nicht sich selbst, sondern Gott, der ihn in seiner Güte diesen Weg des Heils gehen läßt. Sein Gebet ist keine Karikatur des Gebetes, und er selber ist weder selbstgerecht noch hochmütig. Er hat keinen Grund, ein schlechtes Gewissen zu haben. Er kann im Sinne seiner Frömmigkeit vor Gott bestehen.

Anders der Zöllner. Während die Pharisäer Feinde der römischen Besatzungsmacht waren, galten die Zöllner als Kollaborateure und Betrüger. Sie bekamen ihren Zollbezirk von den Römern und bezahlten die Abgaben, wie Brückenzoll, Schiffszoll, Stadtzoll usw. im voraus für die Dauer eines Jahres. Den Zollbezirk bekam verständlicherweise der Meistbietende. Die Zöllner mußten beim Eintreiben des Zolls sehr genau, ja allzu streng verfahren, wenn sie dabei Gewinn erzielen wollten. Aber das wollten sie; schließlich lebten sie davon. Ihr Beruf und damit ihre Person war beim Volk verachtet. Aber nicht so, wie das heute bei gewissen Berufen der Fall ist. Die Verachtung war gesetzlich verankert: Sie waren als Zeugen vor Gericht untauglich, man durfte bei ihnen kein Geld wechseln, weil ihr Geld als unrein galt; ja man nahm von ihnen kein Almosen an.

Sie waren die Ausgestoßenen und Außenseiter der jüdischen Gesellschaft. Aber nicht nur sie allein, sondern ihre ganze Familie. Es galt der Rechtsgrundsatz: „Es gibt keine Familie, in der ein Zöllner ist, ohne daß sie *alle* Zöllner sind".[23] Und es gab für sie gesetzlich kaum ein Zurück. Am

Versöhnungstag durften freilich auch sie opfern, und nach dem Opfer gingen sie als Gerechte hinweg, aber all dies unter einer Bedingung: Die Buße, sprich: *Geldbuße*, mußte vorausgehen. Fünf Viertel, also 125 % ihrer Mehreinnahmen, mußten sie zurückerstatten. Und das war praktisch unmöglich. Bezeichnend ist eine rabbinische Erzählung: „Einst wollte jemand Buße tun, und seine Frau sprach zu ihm: ‚Tölpel, wenn du Buße tust, so bleibt dir nicht einmal ein Gürtel (an ihm trug man den Geldbeutel) zurück.' Da unterließ er es und tat keine Buße."24 Man berichtet auch von Fällen, wo man vom Zöllner die Rückerstattung aus Verachtung einfach nicht annahm.

Unser Zöllner schlägt an seine Brust und sagt: „Gott, sei mir Sünder gnädig!" Und Jesus erklärt: „Ich sage euch: Dieser (und nicht der Pharisäer) ging hinab als Gerechter nach Hause." Das war *unbegreiflich* und schockierend; ein Urteil, das das *ganze* Rechtssystem in Frage stellte und alle Maßstäbe verkehrte. Aber genau das wollte Jesus erreichen. Er will klarmachen, daß *Gott uns anders sieht*, als wir uns und unsere Mitmenschen sehen. Er will zeigen, daß unsere Maßstäbe nicht Gottes Maßstäbe sind. Daß wir uns hüten sollen, über den anderen ein Urteil abzugeben, und daß wir vom Verhältnis des anderen zu Gott keine Aussage machen dürfen. Wir haben von diesem Verhältnis keine Ahnung. Er will uns nahebringen, daß in einer einzigen Sekunde etwas passieren kann, was völlig neue Verhältnisse schafft. Daß Gott der Schöpfer ist, und zwar nicht nur einmal, sondern in jedem Moment unseres Daseins: Von ihm und nicht von uns hängt es ab, ob wir bleiben, was wir waren, oder neue Kreaturen sind. Jesus will klarmachen, daß der Pharisäer, trotz seines ehrlichen Dankgebetes, um keinen Schritt weitergekommen ist, der Zöllner aber in der Erkenntnis seiner verzweifelten Lage, in der Erkenntnis seines wahren Ich ein neuer Mensch geworden ist. Wie groß ist die Gefahr des guten Gewissens, und wie heilsam ist es, sein schlechtes Gewissen zu entdecken!

Die traditionelle Auslegung sieht in diesem Gleichnis eine Mahnung zur *Demut* und Warnung vor *Hochmut*. Aber weder läßt sich der Pharisäer in das Schema des Hochmuts

pressen noch der Zöllner in das der Demut. Die eigene Gesetzestreue im Gegensatz zu den anderen zu erkennen ist kein
Hochmut (vgl. die Bekenntnisse der alttestamentlichen Frommen in den Psalmen, die eine scharfe Grenze ziehen zwischen
der eigenen Gesetzestreue und der Gesetzesverachtung der
Gottlosen), und die eigenen Sünden vor Gott zu bekennen ist
keine Demut. Beide, Pharisäer und Zöllner, sind befangen in
den Strukturen ihrer religiösen Gesellschaft. Der Pharisäer
bejaht sie, der Zöllner bricht aus, indem er sich *direkt* an Gott
wendet. Und Jesus gibt ihm recht. Denn das Verhältnis Gott –
Mensch läßt sich nicht in Paragraphen fassen; die Religion ist
nicht dazu da, uns zu verknechten, sondern uns den Zugang
zu Gott zu erleichtern. Es ist kein Wunder, daß sich die Pharisäer der Frohbotschaft Jesu verschlossen und die Zöllner diese
Botschaft mit Freuden aufgenommen haben.

In uns allen gibt es Neigungen, so zu denken, wie die Pharisäer und ihre jüdische Umwelt dachten. Deshalb fällt es uns
nicht schwer, andere nach unserem Maßstab zu diskriminieren. Aber dann sollten wir wissen, daß wir anders denken als
Jesus und daß wir die Menschen anders sehen als Gott. Wir
sollten uns fragen, ob wir Jesus, der es gewagt hat, dieses
Gleichnis zu erzählen, *wirklich* glauben. Wenn ja, dann werden wir an unsere Brust schlagen und sagen: „Gott, sei mir
Sünder gnädig!"

20

Bildrede vom guten Hirten

Johannes 10,11 – 16

Unser Text ist das altkirchliche Evangelium für den zweiten
Sonntag nach Ostern. Es ist ein wahrhaft österliches Evangelium: Die Gemeinde betrachtet rückblickend den Tod Jesu,
und im Licht der Auferstehung erkennt sie dessen tieferen
Sinn.

Ich sagte: die Gemeinde. Damit habe ich das Problem der
Jesusreden im Johannesevangelium angesprochen. Diese
Reden sind so völlig anders geartet als die Jesusreden in den
drei anderen Evangelien, daß man sie heute nicht als Selbst-
aussagen Jesu, sondern viel eher als Bekenntnisse der
Gemeinde versteht, in denen Jesus das ausspricht, was die
Gemeinde über diesen Jesus bekennen zu müssen glaubt.
Unser Glaube besteht dann nicht darin, daß wir daran festhalten, Jesus habe diese Reden genauso vorgetragen, wie sie im
Johannesevangelium stehen, sondern darin, daß wir die Überzeugung der johanneischen Gemeinde teilen, daß diese
Bekenntnisse Person und Werk Jesu durchaus gerecht werden
und von uns nachvollzogen und nachempfunden werden können. In diesem Fall wird dann die Frohbotschaft und mein
Bekenntnis lauten: Jesus ist mein guter Hirte; als solcher hat
er sein Leben gelassen für die Schafe, zu denen auch ich
gehöre! Wenn das mein Bekenntnis ist, welches ich voll Dankbarkeit und tief bewegt für mich ausspreche, so ist das viel
mehr als eine Selbstaussage Jesu, der ich nicht gläubig zustim-
men kann.

Aber dieses Bekenntnis hat seine besondere Schwierigkeit,
die mit der hier verwendeten Bildsprache zusammenhängt.
Wenn es heißt „Ich bin das Brot des Lebens", „Ich bin die
Wahrheit", „Ich bin der Weg", „Ich bin das Licht der Welt", so
ist mein Glaube an Jesus durch diese Bilder nicht verschlüs-
selt, sondern – im Gegenteil – sehr anschaulich dargestellt,

weil ich ein Mensch bin, der in jeder Phase seines Lebens des Brotes bedarf, den Weg sucht und benützt, sich nach der Wahrheit sehnt und das Licht zu schätzen weiß. Wir stehen alle in einer lebendigen, existentiellen Beziehung zu diesen Wirklichkeiten, durch welche die Bedeutsamkeit Jesu für uns hier ausgedrückt werden soll.

Anders ist es mit dem Hirtenbild. Wenn Jesus als der gute Hirte dargestellt wird, dann werde ich in die Rolle des Schafes gedrängt. Und das stört mich ein wenig. Ich bin ein kritischer Mensch, ich folge keinem anderen gedankenlos wie ein Schaf, und ich brauche keine Herde, um mitlaufen zu können. Ich weiß freilich, daß es sich nur um einen Vergleich handelt, aber dieser Vergleich stammt nicht aus meiner Erfahrungswelt. Ich habe keine Ahnung von der Psychologie eines Schafes, von der Gruppendynamik einer Schafherde, und ich weiß nicht einmal, auf jeden Fall nicht aus eigener Anschauung und Erfahrung, ob die Herde dem Hirten folgt oder der Hirte die Herde vor sich hertreibt. Es ist offenkundig, daß das uralte Bild aus einer für uns Stadtmenschen versunkenen Welt der Übersetzung bedarf.

Wie geschieht diese Übersetzung? Bei einem Vergleich, bei einem Bildwort sind nicht alle Züge, alle Pinselstriche des Bildes bedeutsam, und sie werden nicht einzeln auf die gemeinte Sache übertragen. Das Schaf ist ein Vierbeiner, hat einen dikken Wollpelz, ist recht furchtsam und nicht besonders intelligent. All dies ist mit dem Bild nicht gemeint, der Vergleichspunkt liegt ganz woanders.

Das Schaf ist ein Tier, das im Gegensatz zu vielen anderen Tieren einen Menschen braucht und sich in der Gemeinschaft seiner Artgenossen wohlfühlt. Das Schaf ist angewiesen auf seinen Hirten. Das weiß es instinktiv, und deshalb hört es auf die Stimme seines Hirten, erkennt diese Stimme und folgt dieser Stimme, menschlich gesprochen: voll Vertrauen auf den Hirten. Diesem Angewiesensein auf den Hirten und dem damit zusammenhängenden vertrauensvollen, treuen und gehorsamen Verhalten des Schafes entspricht beim Hirten ein Gefühl der Verantwortung, der Fürsorge, ja Liebe, für diese unbeholfenen und anhänglichen Tiere, die ihm anvertraut sind.

Der moderne Mensch kann sich kaum vorstellen, ein wie inniges gegenseitiges Verhältnis zwischen den Schafen und ihrem Hirten in den antiken Texten geschildert wird. Ob dieses Verhältnis der Wirklichkeit entspricht oder eher idealisiert wird, ist ohne Belang. Wichtig ist nur, daß es zu einem traditionellen Bild wurde, dessen sich auch die Bibel wiederholt bedient. Also ist nur dieses gegenseitige Verhältnis zwischen dem Schaf und seinem Hirten vom Bild beibehalten und auf das Verhältnis, das zwischen Jesus und uns besteht, übertragen. Wir werden also nicht in die Rolle des Schafes gedrängt, wir bleiben Menschen, aber Menschen, denen durch dieses Bild klargemacht werden soll, daß sie auf jemanden radikal angewiesen sind, aber auch das andere, daß dieser Jemand für sie immer und ganz da ist.

Dieses Verhältnis steht hinter dem Bildmotiv unseres Textes. Aber im Mittelpunkt des Bildes steht der Hirte und sein opferbereiter Einsatz für die Schafe: Das Dasein für sie ist das Dasein des Hirten. Der gute Hirte wird im Kontrast zum Mietling gezeigt. Zuerst wird dieser negative, düstere Hintergrund entworfen, das Verhalten des Mietlings geschildert und begründet. Das Porträt des guten Hirten bedient sich aber nicht einfach einer Umkehrung der hier gemachten Aussagen über den Mietling, sondern entfaltet das Verhalten Jesu im Gegensatz zum Mietling auf einer höheren Ebene und in einer anderen Bildlichkeit. Während dem Mietling an den Schafen nicht viel liegt, auf jeden Fall weniger als am eigenen Leben, liegt Jesus allein an den Schafen. Darum ist er der gute Hirte.

Die Begründung ist eine zweifache. Erstens sind die Schafe – im Gegensatz zum Mietling – ihm eigen. Es sind *seine* Schafe. Er hat als Besitzer ein anderes Verantwortungsbewußtsein als der Lohnarbeiter. Das ist freilich bildlich gemeint: Dem *Bild* des Besitzers, des Besitzes, des Eigentums, entspricht eine *Wirklichkeit*, die mit Besitznahme und Besitzergreifung nichts zu tun hat. Deshalb wird hier (Vers 14) auf einem Punkt insistiert, der über den Bereich des grob materiellen Besitzes weit hinausgeht: „Ich kenne die Meinen, und es kennen mich die Meinen." Gemeint ist freilich keine abstrakte, theoretische Erkenntnis, sondern die gegenseitige

Erkenntnis, auf die sich das innigste Vertrauensverhältnis und die gegenseitige Liebe gründet. Es handelt sich hier um jenen Gebrauch des besitzanzeigenden Fürwortes, der auf eine Person bezogen allein sinnvoll ist, etwa so, wie wenn ich einem anderen Menschen sage: „Du bist mein."

Zweitens wird dieses innige Verhältnis in der Liebe durch einen Vergleich, der mit dem Hirtenbild nichts zu tun hat, in seiner ganzen Tiefe gezeigt: „Ich kenne die Meinen, wie mich der Vater kennt; und die Meinen kennen mich, wie ich den Vater kenne." Das ist der theologische Höhepunkt unseres Textes. Das gegenseitige Verhältnis zwischen Jesus und uns erscheint hier als Verlängerung des denkbar innigsten Verhältnisses, welches zwischen Gott und Jesus besteht. Das in liebevoller gegenseitiger Erkenntnis bestehende Verhältnis zwischen Gott und Jesus erscheint hier als das Urbild und der Urgrund der Beziehungen zwischen Jesus und uns. Unser einmaliges Verhältnis zu Jesus ist nur möglich, weil zwischen ihm und Gott ein einmaliges Verhältnis besteht. Reden wir von Hirten und Schafen, von Vater und Sohn, so bedienen wir uns lediglich einiger Bilder aus unserer Welt, weil jedes Reden über die göttlichen Wirklichkeiten auf Bilder angewiesen und gleichnishaft ist.

Das Hirtenbild in unserem Text ist ganz auf die Bereitschaft des Hirten ausgerichtet, sein Leben für seine Schafe zu lassen. Er liebt uns mehr als sich selbst. Wenn diese Liebe nur ein Abbild und eine Verlängerung der Liebe ist, mit der Gott sich Jesus schenkt, so muß die Vorstellung jener göttlichen Liebe uns erzittern lassen.

Der Tod Jesu wird nun im Lichte dieser unvorstellbaren Liebe gesehen. Der Tod Jesu wird hier gedeutet als eine Konsequenz des innigen Verhältnisses, welches zwischen ihm und uns besteht, und dieses Verhältnis erscheint seinerseits als eine Konsequenz jener grenzenlosen gegenseitigen Liebe, die Gott und Jesus miteinander verbindet. Hier wird also der Kreuzestod Jesu weder mit Hilfe der alttestamentlichen Opfervorstellungen noch im Rückgriff auf die Erlösungsvorstellungen der religiösen Umwelt gedeutet. Hier ist Gott auf keine Weise ein Nehmer, sondern das, was er allein sein kann, was seinem

Wesen allein entspricht: ein Geber. Verse 14 und 15 nehmen die in Vers 11 aufgestellte These mit ihrer Begründung wieder auf: „Ich bin der gute Hirte" – Begründung – „und ich lasse mein Leben für die Schafe." Damit schließt der Abschnitt. Das Thema ist in einer in der Antike beliebten Ringkomposition abgehandelt: Der Schluß kehrt zum Anfang zurück.

So erweist sich, was noch folgt, nämlich Vers 16, als ein etwas fremdes Element. Die anderen Schafe sind die Nichtisraeliten, d. h. die Heiden. Das ist eine Anspielung auf die Heidenmission, der die johanneische Gemeinde ihre Existenz verdankt.

Ich glaube nicht, liebe Gemeinde, daß wir dieser einfachen Auslegung des Textes noch etwas hinzuzufügen brauchen. Der Text selber soll uns ansprechen. Ich habe nur versucht, seine Tiefe aufzuzeigen. Vielleicht ist diese Hirtenrede als eine einzige Frage an uns zu verstehen: Kennen und lieben wir diesen Jesus wirklich so, wie er den Vater kennt und liebt? Besteht jenes liebevolle Verhältnis, von dem hier gesprochen wird, wirklich *gegenseitig*, d. h. auch von *unserer* Seite aus? Sind wir uns dessen bewußt, daß wir die Seinen sind, und ein ganz klein wenig dankbar dafür, daß er sein Leben ließ für uns? Diese Fragen sollten wir uns stellen und über eine ehrliche Antwort nachdenken.

ANHANG

1. Anmerkungen

1 4. Buch Esra 4,33–40, in: E. Kautzsch (Hrsg.), Die Apokryphen und Pseudepigraphen des Alten Testaments, Tübingen 1900, Band II, S. 357f.

2 Herodot, Historien I,141

3 Plautus, Trinummus 360

4 Übersetzung des koptischen Textes nach E. Haenchen, Die Botschaft des Thomas-Evangeliums, Berlin 1961, S. 32f.

5 E. Haenchen, a.a.O. S. 25

6 E. Haenchen, a.a.O. S. 28

7 E. Haenchen, a.a.O. S. 15f.

8 Midrasch Schir Ha-Schirim, Cap.VII,14 in: A. Wünsche (Hrsg.), Bibliotheca Rabbinica, Hildesheim 1967 (Nachdruck der Ausgabe Leipzig 1880), Band II, S. 179

9 Traktat Aboda Zara II,1 Fol.26ff., in: Der Babylonische Talmud (neu übertragen durch L. Goldschmidt), Band IX, Berlin 1967, S. 513ff.

10 so H. Kahlefeld, Gleichnisse und Lehrstücke im Evangelium, 2. Aufl. Frankfurt 1964, Band II, S. 113ff.

11 Petrus Chrysologus, Sermones 104,1 (Patrologia Latina 52, S. 490–492); vgl. Basilius, Homiliae 6 (Patrologia Graeca 31, S. 262–278)

12 Augustinus, Sermones 107 (Patrologia Latina 38, S. 627–632)

13 Ambrosius, Liber de Nabuthe 7,37 (Patrologia Latina 14, S. 777)

14 Midrasch Wajikra Rabba, Par. XXIII, Cap. XVIII,3 in: A. Wünsche (Hrsg.), Bibliotheca Rabbinica, Hildesheim 1967 (Nachdruck der Ausgabe Leipzig 1883/84), Band V, S. 154

15 Midrasch Wajikra Rabba, Par. I, Cap. I,1 in: a.a.O. Band V, S. 5

16 so J. Jeremias, Die Gleichnisse Jesu, 7. Aufl. Göttingen 1965, S. 191 f.

17 so H. Kahlefeld, a.a.O. (Anm. 10) S. 69 f. und Anm. 60

18 Sanhedrin 23c, 30–41, in: Talmud Yerushalmi, Sanhedrin (übers. von G. A. Wewers), Tübingen 1981, S. 148

19 Tertullianus, De Idololatria 12,1 (Corpus Christianorum Series Latina, Band II, S. 1111)

20 so J. Jeremias, a.a.O. (Anm. 16) S. 134

21 Midrasch Schir Ha-Schirim, Cap. I,1 in: A. Wünsche (Hrsg.), a.a.O. (Anm. 8), Band II, S. 6

22 Midrasch Bereschit Rabba, Par. LIV, Cap. XXI,27 in: A. Wünsche (Hrsg.), a.a.O. (Anm. 8), Band I, S. 259. Vgl. 1 Sam 6,12.

23 Traktat Šebuoth VI, 1–4 Fol. 39a, in: Der Babylonische Talmud, a.a.O. (Anm. 9), Band IX, S. 365

24 Traktat Baba Qamma IX,1 Fol. 94b, in: Der Babylonische Talmud, a.a.O. (Anm. 9), Band VII, Berlin 1964, S. 326

2. Daten der Predigten

1. Gleichnis vom Sämann Mk 4,3–9
   2. Sonntag nach Trinitatis
   20.6.1971
2. Gleichnis vom geduldigen Landmann Mk 4,26–29
   19. Sonntag nach Trinitatis
   12.10.1969
3. Gleichnis von den spielenden Kindern Mt 11,16–19
   Buß- und Bettag
   18.11.1981
4. Gleichnis vom verborgenen Schatz Mt 13,44
   5. Sonntag nach Epiphanias
   4.2.1973
5. Gleichnis von der Perle Mt 13,45–46
   Sonntag Septuagesimae
   18.2.1973
6. Gleichnis vom Fischnetz Mt 13,47–50
   Vorletzter Sonntag des Kirchenjahres
   14.11.1971
7. Gleichnis vom unbarmherzigen Knecht Mt 18,21–35
   22. Sonntag nach Trinitatis
   22.10.1978
8. Gleichnis von den Arbeitern im Weinberg Mt 20,1–16
   14. Sonntag nach Trinitatis
   3.9.1972
9. Gleichnis von den beiden Söhnen Mt 21,28–30
   Altjahrsabend
   31.12.1975
10. Gleichnis von den anvertrauten Geldern Mt 25,14–30
    Vorletzter Sonntag des Kirchenjahres
    16.11.1975
11. Gleichnis vom barmherzigen Samariter Lk 10,25–37
    12. Sonntag nach Trinitatis
    28.8.1977
12. Gleichnis vom bittenden Freund Lk 11,5–8
    Sonntag Rogate
    23.5.1976
13. Gleichnis vom reichen Kornbauern Lk 12,15–21
    18. Sonntag nach Trinitatis (Erntedankfest)
    5.10.1969

14. Gleichnis vom Feigenbaum Lk 13,6–9
    Neujahrstag
    1.1.1978
15. Gleichnis von der Platzwahl Lk 14,7–11
    5. Sonntag nach Trinitatis
    10.7.1977
16. Gleichnis vom großen Abendmahl Lk 14,16–24
    2. Sonntag nach Trinitatis
    4.6.1967
17. Gleichnispaar vom Turmbau und vom kriegführenden König
    Lk 14,25–33
    5. Sonntag nach Trinitatis
    11.7.1971
18. Gleichnis vom verlorenen Silbergroschen Lk 15,8–10
    3. Sonntag nach Trinitatis
    22.6.1980
19. Gleichnis vom Pharisäer und Zöllner Lk 18,9–14
    Trinitatis
    17.6.1973
20. Bildrede vom guten Hirten Joh 10,11–16
    Sonntag Misericordias Domini
    13.4.1975

Vorausgesetzt ist der Luthertext in der Revision von 1956, soweit der
Verfasser nicht eigene Übersetzungen verwendet hat.

Vom gleichen Autor

ENDRE ADY

Ausgewählte Gedichte

übertragen aus dem Ungarischen
von Julius Alexander Detrich

ISBN 3-8311-2250-4

Endre Ady (1877-1919), einer der größten ungarischen Lyriker des 20. Jahrhunderts, ist in Deutschland kaum bekannt. Der Grund dafür liegt in Adys kühner Sprache, die eine Übersetzung fast unmöglich erscheinen läßt. Dem Übersetzer gelingt es dennoch mit großem Einfühlungsvermögen, die Schwierigkeiten bei der Übertragung von Adys Lyrik ins Deutsche zu meistern.

"Die Übersetzungen sind in der Tat kongenial."
György Sebestyén
(Präsident des österr. PEN-Clubs 1988-1990)